全国图书馆标准化技术委员会秘书处 策划

图书馆工作
相关标准规范概览

主编◎田 颖

知识产权出版社
全国百佳图书出版单位
—北京—

图书在版编目（CIP）数据

图书馆工作相关标准规范概览/田颖主编. —北京 ：知识产权出版社，2025.6.

ISBN 978 - 7 - 5130 - 9800 - 7

Ⅰ. G259.2 - 65

中国国家版本馆 CIP 数据核字第 2025HW3954 号

内容提要

本书在遵循《图书馆业务工作相关标准规范概览》（2019 年版）编制基本原则的基础上，对 2018—2024 年发布的图书馆领域相关国家标准、行业标准以及现行的地方标准成果进行汇总整理，以期持续为图书馆相关从业人员提升标准化意识、推进标准技术落实提供有效的参考工具。

责任编辑：卢海鹰　房　曦　　**责任校对**：潘凤越

封面设计：杨杨工作室·张　冀　　**责任印制**：孙婷婷

图书馆工作相关标准规范概览

田　颖　主编

出版发行：知识产权出版社有限责任公司　　**网　　址**：http：//www.ipph.cn

社　　址：北京市海淀区气象路 50 号院　　**邮　　编**：100081

责编电话：010 - 82000860 转 8335　　**责编邮箱**：fangxi202210@126.com

发行电话：010 - 82000860 转 8101/8102　　**发行传真**：010 - 82000893/82005070/82000270

印　　刷：北京建宏印刷有限公司　　**经　　销**：新华书店、各大网上书店及相关专业书店

开　　本：787mm×1092mm　1/16　　**印　　张**：15.5

版　　次：2025 年 6 月第 1 版　　**印　　次**：2025 年 6 月第 1 次印刷

字　　数：350 千字　　**定　　价**：99.00 元

ISBN 978 - 7 - 5130 - 9800 - 7

本书是中宣部文化名家暨“四个一批”人才工程项目
“公共图书馆事业高质量发展研究”的成果之一

序

标准是人类文明进步的成果。❶ 2021 年中共中央、国务院印发的《国家标准化发展纲要》再次强调："标准是经济活动和社会发展的技术支撑，是国家基础性制度的重要方面。标准化在推进国家治理体系和治理能力现代化中发挥着基础性、引领性作用。"❷ 在推进国家治理体系和治理能力现代化进程中，标准化工作发挥着不可替代的基础性、引领性作用。

党的十八大以来，我国标准化工作管理体系持续完善，一系列重要政策文件陆续发布，如 2015 年国务院印发《深化标准化工作改革方案》，2016 年国务院办公厅印发《国家标准化体系建设发展规划（2016—2020 年）》，2018 年修订后的《中华人民共和国标准化法》正式实施。与此同时，众多服务业标准化试点示范项目的落地实施，极大地激发了各行业、各地区的创新活力，有力推动了高质量标准的研发以及行业标准化水平的显著提升。

"加强文化建设标准化，促进文化繁荣"是《国家标准化体系建设发展规划（2016—2020 年）》确定的五个重点领域之一。图书馆作为"国家文化发展水平的重要标志""滋养民族心灵、培育文化自信的重要场所"❸，是我国文化事业的重要组成部分，其标准化建设自然也是文化标准化工作建设的重要内容之一。图书馆工作具有较强的专业性和实践性，在现代图书馆的发展历程中，逐步形成了其特有的工作方法与工作内容。经过实践的不断检验，这些方法和内容成为全行业广泛认可和遵循的标准规范。这些标准规范为提升图书馆行业整体专业水平，以及促进不同地区、不同类型图书馆间的资源共享与服务协同奠定了坚实基础。

为了更好地宣传推广图书馆标准化工作成果，同时方便图书馆从业人员根据工作便捷地查询、利用标准研制成果，2019 年 1 月，在文化和旅游部公共服务司的支持下，全国图书馆标准化技术委员会秘书处组织编纂了《图书馆业务工作相关标准规范概览》一书。该书收录了自 20 世纪 70 年代末至 2017 年底陆续发布且仍在实施的 180 余项图书馆领域国家标准和行业标准，入选文化和旅游部"十三

---

❶ 习近平. 习近平致第 39 届国际标准化组织大会的贺信［EB/OL］.（2016－09－13）［2024－08－12］. http：//finance. people. com. cn/n1/2016/0913/c1004－28711229. html.

❷ 新华社. 中共中央　国务院印发《国家标准化发展纲要》［EB/OL］.（2021－10－10）［2024－08－12］. https：//www. gov. cn/gongbao/content/2021/content_5647347. htm.

❸ 习近平. 习近平给国家图书馆老专家的回信［EB/OL］.（2019－09－09）［2024－08－28］. http：//china. chinadaily. com. cn/a/201909/09/WS5d7624a7a31099ab995dedf6. html.

五”时期“第二批全国基层文化队伍培训用书”，成为公共文化领域从业人员了解标准化工作，图书馆业内人士查询、利用图书馆标准的实用案头工具书。

随着标准化工作改革不断深入，由国家标准、行业标准、地方标准、团体标准、企业标准共同构成的中国新型标准体系得到快速发展，许多地区制定并发布了图书馆领域地方标准，一些国家标准和行业标准也根据适用性、规范性、时效性的要求进行了修订。2024 年 3 月，国家市场监督管理总局等 18 部门联合印发《贯彻实施〈国家标准化发展纲要〉行动计划（2024—2025 年）》，提出“加强标准推广应用”“积极开展标准宣贯培训，丰富宣传形式、渠道和载体，广泛传播标准化理念、知识和方法”。为及时呈现图书馆领域标准化工作的新成果，为图书馆从业人员提供实用的图书馆标准化工作动态参考用书，全国图书馆标准化技术委员会秘书处在《图书馆业务工作相关标准规范概览》（2019 年版）的基础上，汇总整理了 2018—2024 年发布的图书馆领域 56 项国家标准和 16 项行业标准，并新增地方标准部分，收录了 2015—2024 年发布的 46 项图书馆领域地方标准。

本书是中宣部文化名家暨“四个一批”人才工程项目“公共图书馆事业高质量发展研究”的成果之一。该项目旨在对公共图书馆事业高质量发展的基本理论、历史和现状、环境和需求、策略、评价等关键问题展开研究，形成专题研究报告和学术文章。标准化工作作为一类社会治理的重要制度，是研究事业发展中不可缺少的一环。

全国图书馆标准化技术委员会作为图书馆领域的专业标准化技术组织，始终致力于以图书馆标准化工作促进图书馆事业的高质量发展。希望本书能够帮助更多图书馆从业人员了解和应用图书馆领域标准成果，吸引更多研究人员和实践工作者参与到图书馆标准化工作中来，也能为更多读者在审视和利用图书馆方面提供新的标准化视角。

本书是对图书馆领域相关标准的阶段性梳理。笔者从事图书馆标准化工作多年，拥有丰富的标准编写、标准化工作管理、标准化工作规划研究的经验，在编纂过程中做了大量细致的收集整理工作。如仍有疏漏，恳请业界同仁不吝指正。

国家图书馆研究院院长
全国图书馆标准化技术委员会秘书长
申晓娟
2025 年 3 月于北京

前言

在古代，伴随着私家藏书楼和官府藏书机构的产生，标准化意识已经出现在我国历代对书籍文献的存藏保护、分类保管中；随着近代西方工业文明思想的传播，标准化的管理理念逐步影响到我国各行各业，也进一步加速了我国图书馆业务工作的标准化发展进程。一直以来，标准化工作伴随着我国近现代图书馆事业诞生发展而不断进步完善。标准一直被视为国家经济活动和社会发展的技术支撑，是国家基础性制度的重要方面，在推进国家治理体系和治理能力现代化中发挥着基础性、引领性作用。

自 2015 年 3 月《深化标准化工作改革方案》发布以来，我国持续推进标准化工作改革，坚持需求引领、系统布局，深化改革、创新驱动，协同推进、共同治理，包容开放、协调一致的基本原则❶，制定阶段目标，陆续出台并修订了一批法律法规，如《中华人民共和国标准化法》《国家标准管理办法》《行业标准管理办法》等，标准化工作管理机制不断更新健全，我国新型标准体系构建进一步规范科学。在标准化工作主管部门大力推动下，标准化试点示范项目的建设在全国多领域展开，为研发高质量标准、规范内部标准化管理、提升行业标准化发展水平、加速行业标准化工作创新发展提供了有力支撑。

在现代图书馆发展进程中，统一的业务、管理、服务等专业标准已经成为助力图书馆事业不断推进实现创新发展、协调发展、绿色发展、开放发展、共享发展目标的重要基础手段。图书馆标准化工作也在整个事业数字化、智慧化进程中取得了一些成果。标准化工作对于全球图书馆事业的合作交流和图书馆专业技术的普遍提高产生了巨大的促进作用，也为不同国家和地区图书馆之间广泛深入的交流与合作创造了基础条件。作为一个专门职业，图书馆工作有其独特的内容和方法。这些内容和方法，在历代图书馆人的研究探索中得以不断创新、发展，并经过各类图书馆的实践检验，最终形成全行业广泛认同和共同遵守的标准规范，一方面促进了图书馆行业专业发展水平的整体提升，另一方面也为这些专业技术新的发展和进步奠定了更为广泛的实践基础。

作为一种具备特殊使用效力的“技术文件”，标准在促进图书馆事业发展、提

❶ 国务院办公厅. 国务院办公厅关于印发国家标准化体系建设发展规划（2016—2020 年）的通知［EB/OL］.（2015-12-17）［2024-08-28］. https：//www.gov.cn/zhengce/zhengceku/2015-12/30/content_10523.htm.

供行业技术规范、促进城乡间文化服务均等化的重要作用日益得到各方重视。2021 年 3 月 11 日，第十三届全国人民代表大会第四次会议表决通过的《中华人民共和国国民经济和社会发展第十四个五年规划和 2035 年远景目标纲要》全文中 40 次提及了标准化工作。其中，多处表述与公共文化、图书馆事业标准化紧密相关，如“推进城乡基本公共服务标准统一、制度并轨，增加农村教育、医疗、养老、文化等服务供给”“围绕公共教育、就业创业、社会保险、医疗卫生、社会服务、住房保障、公共文化体育、优抚安置、残疾人服务等领域，建立健全基本公共服务标准体系，明确国家标准并建立动态调整机制，推动标准水平城乡区域间衔接平衡”。此外，在重要的文化发展专项规划中对标准的强调也是屡见不鲜，如 2022 年 4 月中共中央办公厅、国务院办公厅印发的《关于推进新时代古籍工作的意见》提出了“古籍工作体制机制更加完善，标准规范体系基本健全”的总体要求，并对提升古籍保护工作质量提出“制定古籍类文物定级标准”“加强古籍工作标准体系建设，制定修订相关国家标准”的要求。

随着标准化工作改革的持续推进，标准制修订数量得以不断积累，标准所规范的专业技术领域也在继续完善；同时，国家标准、行业标准、地方标准、团体标准、企业标准的体系化建设成效日显突出。

为了让图书馆从业人员及时便利地了解、查询本行业的标准研制成果，同时对现行标准成果进行更好的宣传和推广，2019 年 1 月在主管部门的支持下，全国图书馆标准化技术委员会秘书处策划出版了《图书馆业务工作相关标准规范概览》一书。该书集中整理与展示了自 20 世纪 70 年代末到 2017 年底陆续发布且仍在实施的与图书馆相关的 180 余项标准成果，并入选文化和旅游部“十三五”时期“第二批全国基层文化队伍培训用书”系列，为宣传公共文化标准化，特别是解读图书馆标准研制成果，提升文化发展改革人才队伍对标准化工作的认识打下了较好的基础，成为业内人士便捷地查询、利用图书馆标准的工具书。

根据标准全生命周期管理的一般要求，对于发布实施满 5 年的标准原则上应组织复审，对标准技术内容的适用性、规范性、时效性、协调性、实施效果进行评估，形成标准复审结论：继续有效、修订或废止。自深化标准化工作改革以来，标准化行政主管部门先后组织开展了多次标准集中复审工作，部分标准有了较大的调整与修改。

标准化改革推动了标准化工作制度的不断完善，我国专业标准化组织建设也得到了大力发展：2020 年至 2024 年上半年，由国家标准化管理委员会批准组建的全国专业标准化技术委员会的数量从 545 个增加到 606 个；部分地区还组建了本地标准化技术组织，截至 2024 年底，我国省级地方文化和旅游标准化技术组织已达 22 个。在这些专业标准化工作组织带动下，由政府主导制定的国家标准、行业标准、地方标准和由市场主体自主制定的团体标准、企业标准共同构建起的我国新型标准体系正在协调发展中，发布了一批新的标准成果。

各地文化行政主管部门和地方图书馆结合当地发展特点，加快了地方标准的研制工作。当前的图书馆标准研发呈现两个趋势：一方面，标准的技术内容不再局限于单纯的图书馆业务技术，而是更多地扩展到图书馆服务体系建设与管理、图书馆拓展服务等方面；另一方面，在数字化技术与跨行业合作融合发展加速的背景下，图书馆事业的发展面临由数字化向数智化的转型，图书馆关键技术应用等方面的标准化研究和制修订工作取得了新的突破，新的标准研制成果陆续发布，图书馆标准体系日趋完善。

为了及时更新展示近年来图书馆标准化工作取得的成果，笔者在遵循《图书馆业务工作相关标准规范概览》（2019 年版）编制基本原则的基础上，对 2018—2024 年发布的图书馆领域相关国家标准、行业标准，以及现行的地方标准成果一并汇总整理，以期持续为从业人员提升标准化意识、推进标准技术落实提供有效参考工具。为避免因对“业务”一词的理解不同而产生歧义，本书书名定为《图书馆工作相关标准规范概览》。

本书的具体编写体例及相关内容组织情况介绍如下。

——本书收录了由政府主导制定、发布且目前现行的与图书馆工作密切相关的国家标准、行业标准和地方标准三类标准化文件成果共 118 项，包括推荐性国家标准 56 项、行业标准 16 项、地方标准 46 项。收录标准的排序是以标准号的顺序号排列，地方标准的标准号中地方行政区划编号在前，如此同一行政地区的标准可集中编排，也能较为全面反映本地区地方标准在技术内容研制中的特点。

本书所收录的国家标准和行业标准的发布时间范围为 2018 年至 2024 年底，与《图书馆业务工作相关标准规范概览》（2019 年版）内容相衔接。地方标准首次被纳入标准规范概览整理中，收录范围包括了 2015 年至 2024 年底正式发布实施的、现行有效且正式备案的地方标准成果。

从所收录标准的归口管理组织分析，国家标准、行业标准的归口管理组织仍以全国信息与文献标准化技术委员会（SAC/TC4）、全国文献影像技术标准化技术委员会（SAC/TC86）和全国图书馆标准化技术委员会（SAC/TC389）三个与图书馆业务工作密切相关的全国性专业标准化技术组织为主。此外，还有全国服务标准化技术委员会（SAC/TC264）、全国物品编码标准化技术委员会（SAC/TC287）、全国中医标准化技术委员会（SAC/TC478）、全国科技平台标准化技术委员会（SAC/TC486）、全国知识管理标准化技术委员会（SAC/TC554）以及国家档案局归口的部分与图书馆工作相关的标准成果。地方标准的归口管理分为两大类：一类是由地方行政主管部门归口，以地方文化和旅游、标准化主管部门为主，还有少量标准成果由公安、教育等地方行政主管部门归口；另一类是由地方成立的标准化技术委员会归口。这与国家标准和行业标准归口单位存在较为明显的差别。

——在标准内容解读方面，延续《图书馆业务工作相关标准规范概览》（2019

年版）的体例解读标准。在内容组织方面，每项标准的概览介绍包括：标准号、标准名称、英文名称、采标情况、发布时间、实施时间、技术归口、起草单位、起草人、范围（包括技术内容范围及标准适用范围）和主要内容 11 部分基本内容。

其中，采标情况给出了采标国际标准的一致性程度标识：对于以 ISO 和/或 IEC 标准化文件为基础起草的国家标准化文件，分别用三种方式标明其与 ISO 和/或 IEC 标准化文件具有一致性程度对应关系，其中：等同（用 IDT 标识），表明与 ISO 和/或 IEC 标准化文件对比文本结构相同、技术内容相同、有最小限度的编辑性改动；修改（用 MOD 标识），表明标准化文件存在结构调整，或有技术差异，或两者兼有，同时文本中清楚地给出了这些差异及其产生的原因；非等效（用 NEQ 标识），表明标准化文件对比至少存在结构调整和技术差异，只保留了数量较少或重要性较少的 ISO 和/或 IEC 标准化文件的条款。这些采标情况信息，便于使用者明确拟采用或正在使用的标准，其技术要求与国际标准化水平的差别。

在“范围”部分的内容组织中，因关于标准编写要求的国家标准 GB/T 1.1—2020 于 2020 年 10 月 1 日起正式实施，替代了原有 2009 年版，在该标准实施前后发布的标准在文字表述上稍有区别：在其正式实施前报批的标准在提及自身时，仍按照 GB/T 1.1—2009 的要求使用“本标准”的表述方式，在其实施后报批的标准按照 GB/T 1.1—2020 的要求，在提及标准自身时使用“本文件”的表述。在本书的汇总整理中，按照尊重原文的原则，照实著录，也反映出我国标准化理论研究不断深入、科学的发展趋势。

另外，在本书整理中，根据标准复审、修订的工作实际，专门列出“修订情况”，标明该标准修订次数及所代替标准的版本信息。

——增加了“标准类别”信息。为了反映每个标准技术内容特点及其在所归口技术组织工作范畴中所属标准体系中的位置，还专门注明“标准类别”。这是各标准归口单位根据本领域标准体系构建，对标准给出的界定。一般来说，“基础标准”指“以互相理解为编制目的形成的具有广泛适用范围的标准”[1]；“通用标准”指“包含某个或多个特定领域普遍适用的条款的标准”[2]；按照标准化对象还会划分为产品标准、过程标准、服务标准、管理标准等。

——提供了标准的“规范性引用文件”信息。为了更加全面地提供标准技术内容确定依据，反映标准间相互的关联性，为相关标准技术条款内容查询引用来源和查询线索，本书全面收录了各标准编制中的规范性引用文件来源。

——地方标准部分增加了“行业分类”信息。有的标准仅从名称上判断，可能会造成对其技术内容判断出现分歧，为便于更好理解和使用这些标准成果，笔者在整理中还提供了“行业分类”信息。例如：DB33/T 2180—2019《公共图书馆中心馆一总分馆建设服务规范》归口单位是省级文化和旅游厅，但其标准的行

[1] GB/T 1.1—2020《标准化工作导则 第 1 部分：标准化文件的结构和起草规则》定义 3.1.3。

[2] GB/T 1.1—2020《标准化工作导则 第 1 部分：标准化文件的结构和起草规则》定义 3.1.4。

业分类为“建筑业”，是因其技术内容中包含了大量的硬件建设要求。

当前，我国图书馆事业处在技术革新快速发展的新阶段，网络化、数字化、智能化成为当前信息环境鲜明的特点，在“数字中国”新时代国家信息化发展战略[1]指引下，信息技术与社会服务融合发展，大量新型应用技术的发展和运用，改变了信息获取、信息交流和信息服务生态，对图书馆传统的核心服务技术和专业服务技能造成了较大的冲击，也为图书馆拓展新的服务业态、升级专业服务技能带来了新的发展机遇。在标准化体系建设不断得到各级政府重视的背景下，图书馆标准化工作发展进入了由两个新的引擎动力推动的新局面。图书馆标准化工作将朝着更加专业、更加精深的方向发展，适应事业发展需要的新标准不断被研究制定，已有标准随着技术与行业专业性工作的创新与发展不断被更新。

本书仅对图书馆业务工作相关国家标准、行业标准和地方标准进行了基础性摸底和阶段性梳理，恳请业界同仁不吝批评指正，以不断提升个人研究深度与专业性。期待在今后的标准化研究与标准制修订工作中继续得到各界的支持与襄助！

国家图书馆研究院　田颖

2025年4月13日

[1] 2021年3月11日，第十三届全国人民代表大会第四次会议表决通过《中华人民共和国国民经济和社会发展第十四个五年规划和2035年远景目标纲要》（以下简称《纲要》）。《纲要》从打造数字经济新优势、加快数字社会建设步伐、提高数字政府建设水平、营造良好数字生态四个方面对“加快数字化发展建设数字中国”作出战略部署。

目　录

三、地方标准 / 145

一、国家标准

GB/T 2659.3—2023　世界各国和地区及其行政区划名称代码　第3部分：原先使用的国家和地区代码

【标 准 号】GB/T 2659.3—2023

【标准名称】世界各国和地区及其行政区划名称代码　第3部分：原先使用的国家和地区代码

【英文名称】Codes for the representation of names of countries and their subdivisions—Part 3：Code for formerly used names of countries

【标准类别】基础标准

【采标情况】ISO 3166-3：2020，MOD

【发布时间】2023-12-28

【实施时间】2024-07-01

【技术归口】全国信息与文献标准化技术委员会

【起草单位】华中师范大学、中国科学技术信息研究所、民政部地名研究所、参考消息报社

【起 草 人】曾建勋、刘春燕、赵琪、李学军

【范　　围】

本文件规定了执行和维护原先使用的国家和地区名称代码的基本指南。

本文件中的代码适用于表示非现行（原先使用）的国家和地区名称，如自1974年首次出版以来ISO 3166中所有删除的国家和地区名称。

【主要内容】

本文件正文共包括8章，分别是：范围、规范性引用文件、术语和定义、原先使用的国家和地区名称列表中包含的原则、原先使用的国家和地区名称代码的分配原则、原先使用的国家和地区名称及其代码列表、维护、原先使用的国家和地区名称代码列表。

其中，第3章术语和定义中界定了35个术语的规范定义，并提出ISO和IEC

维护标准化术语数据库适用于本文件，且本部分的术语编号与 ISO 3166 国际标准系列统一编号一致。第 4 章提出了原先使用的国家和地区名称的变更、解体、合并、废止、2 字母代码变更状态等原则。第 5 章规定了原先使用的国家和地区名称代码的分配原则，包括代码结构以及因国家和地区名称变更、解体、合并或废止等。第 6 章规定了原先使用的国家和地区名称及其代码列表的一般规则、列表信息来源、列表款目组成。第 7 章明确了本文件的维护机构 ISO 3166/MA，以及数据库格式标准的修订模式，并提供了解码表信息地址。第 8 章列出了原先使用的国家和地区名称代码列表。

【规范性引用文件】

无

【修订情况】

无

GB/T 3792—2021　信息与文献　资源描述

【标 准 号】GB/T 3792—2021

【标准名称】信息与文献　资源描述

【英文名称】Information and documentation—Resource description

【标准类别】基础标准

【采标情况】无

【发布时间】2021-03-09

【实施时间】2021-10-01

【技术归口】全国信息与文献标准化技术委员会

【起草单位】中国科学院文献情报中心、国家图书馆、北京大学图书馆、清华大学图书馆、华东师范大学图书馆、广东省立中山图书馆、上海图书馆、中国科学技术信息研究所、首都图书馆、中央音乐学院图书馆、中国社会科学院图书馆

【起 草 人】宋文、王洋、喻爽爽、杨慧、胡小菁、鲍国强、毛凌文、毛雅君、纪陆恩、朱学军、魏来、张娟、王宁宁、沈正华、袁玉红、黄丽婷

【范　　围】

本标准给出了一整套覆盖各种类型资源的通用描述规范，规定了数据元素被记录或转录的顺序以及用于识别和显示数据元素的标识符号。

本标准适用于书目机构对各种类型资源的描述，包括图书、连续出版物、集成性资源、电子资源、图像、地图资源、乐谱、录音录像资源、古籍、拓片、手稿、学位论文等。

本标准也适用于国家书目机构、图书情报机构或其他机构生产书目数据。

【主要内容】

本标准正文共包括13章，分别是：范围，规范性引用文件，术语和定义，总则，内容形式和媒介类型项，题名和责任说明项，版本项，资源类型特殊项，出版、生产和发行项，载体形态项，丛编和多部分单行资源项，附注项，资源标识号和获得方式项。

其中，第3章术语和定义部分对版本等40余个专业术语作了概念界定。第4章总则给出了资源处理、描述项目和标志符号及信息源描述的原则要求，并分别给出样例；对描述用语言和文字、省略和缩写、大写、印刷错误、符号、不完整等情况都提出了对应的原则要求。第5章规定了内容形式和媒介类型项的描述要求并给出示例。第6章规定了题名和责任说明项的描述规则。第7章规定了版本项的一般描述规则，并对并列版本、与版本相关的责任说明、附加版本说明、与

附加版本说明相关的责任说明的描述规则给出示例。第 8 章规定了资源类型特殊项的一般描述规则，并规定了对数学数据（地图资源）、乐谱格式说明（乐谱）、编号（连续出版物）描述项的描述要求。第 9 章规定了出版、生产和发行项的数据描述一般规则，并提出了对古籍、拓片、地图、学位论文等特殊类型资源的描述要求。第 10 章规定了载体形态项的描述规则，包括一般规则、资源数量描述规则，以及资源的制作方法、颜色、材料构成等其他物理细节特征。第 11 章规定了丛编和多部分单行资源项的描述规则，包括丛编或多部分单行资源的正题名、并列正题名、其他题名信息、相关的责任说明、国际标准号，以及内部的编号。第 12 章规定了附注项描述的一般规则和特殊几类的描述要求，包括内容形式和媒介类型项以及特殊类型资源附注，题名和责任说明项附注，版本项和资源书目沿革附注，资源类型特殊项附注，出版、生产和发行项的附注，载体形态项附注，丛编和多部分单行资源项附注，内容附注，资源标识号和获得方式项的附注，描述所依据的期、部分、更新等的附注以及编号等其他附注。第 13 章规定了资源标识号和获得方式项的描述规则，包括资源标识号、识别题名、获得方式和限定说明。

此外，本标准还附 3 个资料性附录和 1 个规范性附录。其中，资料性附录 A 列出了本标准涉及的所有专业词汇的定义和解释，共 195 个；附录 B 为规范性附录，规定了多层描述的方法，对多层描述的应用给出示例；附录 C 为资料性附录，列出了本标准中的缩略语表；附录 D 为资料性附录，给出了 14 个资源描述的样例。

【规范性引用文件】

GB/T 12406　表示货币和资金的代码

【修订情况】

本标准代替了以下标准，是对这 8 项标准的合并修订：

GB/T 3792.1—2009（全部替代）文献著录　第 1 部分：总则

GB/T 3792.2—2006（全部替代）普通图书著录规则

GB/T 3792.3—2009（全部替代）文献著录　第 3 部分：连续性资源

GB/T 3792.4—2009（全部替代）文献著录　第 4 部分：非书资料

GB/T 3792.6—2005（全部替代）测绘制图资料著录规则

GB/T 3792.7—2008（全部替代）古籍著录规则

GB/T 3792.9—2009（全部替代）文献著录　第 9 部分：电子资源

GB/T 3469—2013　信息资源的内容形式和媒体类型标识

GB/T 4894—2024　信息与文献　基础和术语

【标 准 号】GB/T 4894—2024

【标准名称】信息与文献　基础和术语

【英文名称】Information and documentation—Foundation and vocabulary

【标准类别】基础标准

【采标情况】ISO 5127：2017，MOD

【发布时间】2024-09-29

【实施时间】2025-04-01

【技术归口】全国信息与文献标准化技术委员会

【起草单位】中国科学技术信息研究所、国家图书馆、清华大学、中国科学院文献情报中心、北京大学、国家档案局、故宫博物院、中国标准化研究院、福建省档案局、青岛市档案馆、中国大百科全书出版社有限公司、华中师范大学

【起 草 人】潘云涛、马峥、顾犇、沈玉兰、杨慧、曾燕、喻爽爽、富平、丁德胜、刘华、吴雯娜、刘伟、赵青、崔文健、李恩重、甘克勤、郑志荣、邹杰、刘金双、周国臻、刘春燕、陈慧

【范　　围】

本文件规定了与图书馆、文献和信息中心、出版、档案、博物馆以及信息科学相关的信息与文献领域的基本术语及其定义。

本文件适用于信息与文献领域的科学研究、知识传播和信息共享。

【主要内容】

本文件正文共包括3章，分别是：范围、规范性引用文件、术语和定义。

其中，第3章分13个大类部分，界定了各个大类的术语及其规范定义，包括：基本和框架术语，信息和文献基本术语，物件、数据媒介、文献，文献，三次文献，信息和文献机构馆藏，文献和数据分析、表示和内容描述，内容分析和内容描述，存储，查找和检索，信息和文献的使用，文献保存，信息和文献工作的法律问题。

此外，本文件还另附1个资料性附录A，提供了术语的SKOS（简单知识组织系统）编码，是术语可结构化显示的一个技术方案案例。根据术语标准编写要求，本文件编制了中文和英文索引。

【规范性引用文件】

无

【修订情况】

本次为第二次修订。

本文件所代替文件的历次版本发布情况为：

1985 年首次发布为 GB/T 4894—1985；

1991 年首次发布为 GB/T 13194—1991；

2009 年第一次整合修订，发布为 GB/T 4894—2009。

GB/T 7713.2—2022　学术论文编写规则

【标 准 号】 GB/T 7713.2—2022

【标准名称】 学术论文编写规则

【英文名称】 Presentation of academic papers

【标准类别】 基础标准

【采标情况】 无

【发布时间】 2022-12-30

【实施时间】 2023-07-01

【技术归口】 全国信息与文献标准化技术委员会

【起草单位】 北京卓众出版有限公司、北京师范大学出版社（集团）有限公司、《中国科学》杂志社有限责任公司、中国科学院软件研究所、北京林业大学、上海大学、《中华医学杂志》社有限责任公司、机械工业信息研究院、中国科学技术信息研究所

【起 草 人】 张品纯、陈浩元、任胜利、方梅、张铁明、刘志强、刘冰、梁福军、刘春燕

【范　　围】

本文件规定了学术论文的组成部分以及撰写和编排的基本要求与格式。

本文件适用于印刷版、缩微版、电子版等所有传播形式的学术论文。不同学科或领域的学术论文可参考本文件制定本学科或领域的编写规范。

【主要内容】

本文件正文共包括5章，分别是：范围、规范性引用文件、术语和定义、组成部分、编排格式。

其中，第4章规定了学术论文的组成部分为前置部分、正文部分、附录部分，并对每个组成部分中各项构成及元数据信息的内容编写提出要求。第5章规定了学术论文的编排格式要求，包括一般要求、编号、量和单位、插图、表格、数字、数学式、注释及科学技术名词。

此外，本文件还附2个附录。其中，附录A为规范性附录，规定了学术论文各部分的构成元素；附录B为资料性附录，提供了学术论文编写中各部分文字使用的字号、字体形式。

【规范性引用文件】

GB 3100　国际单位制及其应用

GB/T 3101　有关量、单位和符号的一般原则

GB/T 3102（所有部分） 量和单位

GB/T 6447 文摘编写规则

GB/T 7408 数据元和交换格式 信息交换 日期和时间表示法

GB/T 7714 信息与文献 参考文献著录规则

GB/T 8170 数值修约规则与极限数值的表示和判定

GB/T 15834 标点符号用法

GB/T 15835 出版物上数字用法

GB/T 19996 公开版纸质地图质量评定

GB/T 28039 中国人名汉语拼音字母拼写规则

CY/T 35 科技书刊的章节编号方法

CY/T 119 学术出版规范 科学技术名词

CY/T 121 学术出版规范 注释

CY/T 170 学术出版规范 表格

CY/T 171 学术出版规范 插图

CY/T 173 学术出版规范 关键词编写规则

ISO 80000-1 量和单位 第1部分：总则（Quantities and units—Part 1：General）

ISO 80000-2 量和单位 第2部分：数学（Quantities and units—Part 2：Mathematics）

【修订情况】

本次为第一次修订。

本文件部分代替 GB/T 7713—1987 科学技术报告、学位论文和学术论文的编写格式。

GB/T 9999.1—2018　中国标准连续出版物号 第1部分：CN

【标 准 号】GB/T 9999.1—2018

【标准名称】中国标准连续出版物号　第1部分：CN

【英文名称】China standard serial number—Part 1：China serial number

【标准类别】基础标准

【采标情况】无

【发布时间】2018-06-07

【实施时间】2018-10-01

【技术归口】全国信息与文献标准化技术委员会

【起草单位】国家新闻出版广电总局综合业务司、北京拓标卓越信息技术研究院

【起 草 人】王晓征、和晔、喻萍、安秀敏

【范　　围】

GB/T 9999的本部分规定了国内统一连续出版物号的结构与格式、分配与管理、印制与显示位置和元数据。

本部分适用于经国务院出版行政管理部门许可出版的连续出版物。

【主要内容】

本部分正文共包括7章，分别是：范围、规范性引用文件、术语和定义、结构与格式、分配与管理、印制与显示位置、CN元数据。

其中，第4章规定了国内统一连续出版物号的组成结构与格式，包括：前缀标识与格式、主体代码与格式和附加代码与格式。第5章规定了国内统一连续出版物号CN码一种一号、一型一号、改名改号、变更登记地改号的要求，明确了CN号的分配和管理机构为国务院出版行政管理部门。第6章规定了CN号印制或显示在连续出版物上的字号，及其印刷或显示在报纸上、期刊上、网络连续出版物上、连续型电子出版物上的位置要求，与ISSN号一起印刷时的格式要求。第7章提出了在分配CN的同时，应为所分配的连续出版物制作相应元数据的要求。

此外，本部分还另附3个规范性附录。其中，附录A界定了国内统一连续出版物号的地区代码；附录B调整了不适用于期刊的个别类目，规定了期刊分类表；附录C规定了国内统一连续出版物号元数据的组成数据。

【规范性引用文件】

GB/T 4880.2　语种名称代码　第2部分：3字母代码

GB/T 4881　中国语种代码

【修订情况】

本部分部分代替 GB/T 9999—2001。

本部分所代替标准的历次版本发布情况为：

GB/T 9999—1988、GB/T 9999—2001。

GB/T 9999.2—2018 中国标准连续出版物号 第 2 部分：ISSN

【标 准 号】GB/T 9999.2—2018

【标准名称】中国标准连续出版物号 第 2 部分：ISSN

【英文名称】China standard serial number—Part 2：ISSN

【标准类别】基础标准

【采标情况】ISO 3297：2007，MOD

【发布时间】2018－03－15

【实施时间】2019－04－01

【技术归口】全国信息与文献标准化技术委员会

【起草单位】ISSN 中国国家中心

【起 草 人】顾犇、陈荔京、崔明明、杨静

【范　　围】

GB/T 9999 的本部分规定了中国标准连续出版物号的结构、分配和使用规则、显示位置和方式以及相关元数据和系统的管理与维护。

本部分适用于中华人民共和国境内出版的任何载体的连续性资源，包括传统的期刊、报纸、年度出版物等连续出版物，也包括更广义的连续性资源，即在任何载体上连续发行、没有事先确定结束时间的出版物。

本部分还提供“连接 ISSN”（ISSN－L）的机制，为同一连续性资源在不同载体上的版本提供关联或连接。

对于已有编号系统的各种图书、录音和录像制品、乐谱出版物、音像作品和音乐作品，若属于某种连续性资源，可以在自身的标准号之外增加的一个中国标准连续出版物号。

【主要内容】

本部分正文共包括 10 章，分别是：范围、术语和定义、中国标准连续出版物号（ISSN）的结构、中国标准连续出版物号（ISSN）的分配、识别题名的建立、ISSN 关联（ISSN－L）、中国标准连续出版物编号（ISSN）的显示位置与格式、中国标准连续出版物编号（ISSN）的元数据、版权、中国标准连续出版物号（ISSN）系统的管理。

其中，第 3 章规定了中国标准连续出版物号的结构格式。第 4 章界定了中国标准连续出版物号的分配管理机构为 ISSN 中国国家中心。第 5 章给出了识别题名建立的依据、来源位置及唯一性要求。第 6 章规定了中国标准连续出版物号关联

(ISSN－L) 的使用和分配。第 7 章规定了中国标准连续出版物号的显示组成、印刷位置，以及在印刷型和电子连续性资源等非印刷型载体资源上显示的格式要求。第 8 章定义了中国标准连续出版物号的元数据构成。第 9 章确定了 ISSN 分配不取代其代表资源的版权。第 10 章明确了中国标准连续出版物号系统的管理机构及职责。

此外，本部分还附 5 个附录。其中，附录 A 为规范性附录；附录 B 为规范性附录，配合第 8 章给出了 ISSN 的元数据结构；附录 C 为规范性附录，配合第 6 章界定了 ISSN－L 的详细说明；附录 D 为规范性附录，配合第 10 章明确了中国标准连续出版物号系统的管理机构及职责；附录 E 为资料性附录。

【规范性引用文件】

无

【修订情况】

本部分所代替标准的历次版本发布情况为：

GB/T 9999—1988、GB/T 9999—2001。

GB/T 13190.2—2018 信息与文献 叙词表及与其他词表的互操作 第 2 部分：与其他词表的互操作

【标 准 号】GB/T 13190.2—2018

【标准名称】信息与文献 叙词表及与其他词表的互操作 第 2 部分：与其他词表的互操作

【英文名称】Information and documentation—Thesauri and interoperability with other vocabularies—Part 2：Interoperability with other vocabularies

【标准类别】基础标准

【采标情况】ISO 25964-2：2013，MOD

【发布时间】2018-06-07

【实施时间】2019-01-01

【技术归口】全国信息与文献标准化技术委员会

【起草单位】山西大学、中国国家图书馆、中国科学院文献情报中心、南京理工大学、华东理工大学

【起 草 人】贾君枝、汪东波、刘华梅、宋文、薛春香、陈树年

【范 围】

GB/T 13190 的本部分描述并比较了不同叙词表之间以及叙词表与其他类型词表互操作的元素及特性，提供了它们之间建立映射和维护的建议。

本部分适用于信息检索的叙词表和其他类型词表。

【主要内容】

本部分正文共包括 24 章，分别是：范围，规范性引用文件，术语和定义，符号、简称和其他约定，互操作的目标及映射元素的识别，跨词表映射的结构化模型，映射类型，等同映射，等级映射，相关映射，精确、非精确及部分等同映射，信息检索中映射的应用，先组式处理，候选映射的识别技术，数据管理，映射词表的显示，分类表，文件管理分类表，范畴表，标题表，本体，术语表，名称规范表，同义词环。

其中，本部分第 3 章界定了叙词表与其他词表互操作中适用的 89 个术语及其规范定义。第 4 章明确了 GB/T 13190.1—2015 中的 4.5 和 GB/T 4880.1 语种名称代码适用于本文件，同时，又给出了补充的标签和符号。第 5 章约定了互操作的目标及映射元素的识别。第 6 章提出了跨词表映射的结构化模型，包括结构统一模型、直接连接模型、中心结构模型，并提出了模型选择中要兼顾的要素。第 7

章提出了叙词表之间三种映射类型。第 8 章规定了等同映射的简单等同映射和复合等同映射两种的映射操作方式。第 9 章、第 10 章分别界定了等级映射和相关映射，并给出示例。第 11 章界定了精确、非精确及部分等同映射的应用环境和方法。第 12 章规范了信息检索中映射的应用、人工干预的情况，并给出了转换索引词或检索词时映射实施的对比表。第 13 章探讨了先组式概念处理词表、叙词表和依赖于语境说明的分类体系的映射及更复杂类的映射。第 14 章规范了候选映射的识别程序，并给出示例。第 15 章分别界定了记录的数据类型、数据存储、映射数据的维护三个层面，规范了数据管理。第 16 章规范了映射词表显示的一般原则和用于管理映射的开发、维护的显示。第 17 章分类表提出了分类表的主要特征和背景，并探讨了分类表与叙词表相比的语义构成和关系，给出了叙词表和分类表映射的建议。第 18 章提出了文件管理分类表的主要特征和背景，探讨了文件管理分类表与叙词表相比的语义构成和关系，给出了与叙词表互操作的建议。第 19 章范畴表界定了范畴表的主要特征和背景，给出了范畴表的类型，规范了范畴表的语义构成和关系，以及叙词表和范畴表的映射，并给出了示例。第 20 章界定了标题表的主要特征和背景，规范了语义部分和关系，以及标题表和叙词表概念的映射及示例。第 21 章界定了本体的主要特征及背景，规范了其语义部分和关系，对叙词表和本体结构作了比较，规范了本体与叙词表的互操作方法。第 22 章术语表界定了术语表的主要特征及背景，规范了术语表同叙词表相比的语义构成及关系，规范了术语表与叙词表的互操作方法。第 23 章界定了名称规范表的主要特征及背景，规范了名称规范表语义构成及关系，规范了名称规范表与叙词表的互操作方法，并给出示例。第 24 章界定了同义词环主要特征及背景，规范了其语义构成及关系，规范了其与叙词表的互操作方法，并给出示例。

此外，本部分附 1 个资料性附录 A，给出了支持互操作的术语数据的管理方法。

【规范性引用文件】

GB/T 13190.1—2015　信息与文献　叙词表及与其他词表的互操作　第 1 部分：用于信息检索的叙词表（ISO 25964-1：2011，MOD）

【修订情况】

无

GB/T 17739.2—2021 技术图样与技术文件的缩微摄影 第 2 部分：35 mm 银-明胶型缩微品的质量准则与控制

【标 准 号】GB/T 17739.2—2021

【标准名称】技术图样与技术文件的缩微摄影 第 2 部分：35 mm 银-明胶型缩微品的质量准则与控制

【英文名称】Microf ilming of technical drawings and other drawing office documents—Part 2：Quality criteria and control of 35 mm silver gelatin microfilms

【标准类别】方法标准

【采标情况】ISO 3272-2：1994,MOD

【发布时间】2021-05-21

【实施时间】2021-12-01

【技术归口】全国文献影像技术标准化技术委员会

【起草单位】国家档案局档案科学技术研究所

【起 草 人】聂曼影、魏伶俐、王熹

【范　　围】

本文件为 GB/T 17739《技术图样与技术文件的缩微摄影》系列标准的第 2 部分，规定了用 35 mm 银-明胶型黑白缩微胶片拍摄技术图样和技术文件制成缩微品的质量要求和控制方法。

本文件适用于各种技术图样及技术文件的第一代、第二代及发行用银-明胶型缩微品。

【主要内容】

本文件正文共包括 6 章，分别是：范围、规范性引用文件、术语和定义、质量要求、可读性与解像力、测试标板。

其中，第 3 章提出了 GB/T 6159.1—2014、GB/T 6159.2—2011、GB/T 6159.3—2014、GB/T 6159.4—2014、GB/T 6159.5—2011 和 GB/T 6159.6—2003 界定的术语及其规范性定义表述适用于本文件。第 4 章分别提出了对缩微品中的字符和图线的质量要求，并规范了对报废、处理、缺陷、卷曲、保护层、背景密度及片基密度加灰雾密度的指标要求。第 5 章可读性与解像力部分规定了第一代、第二代和发行用缩微品时的可读性与解像力指标要求。第 6 章规范了测试标板的构成和布局，并对测试标板的拍摄给出了详细规定。

此外，本文件有 4 个规范性附录。附录 A 对背景密度测量中的测量抽样、密度计和测量操作给出了规范要求及应遵循的标准要求；附录 B 对第 6 章中的缩微胶片经曝光冲洗后的可读性与解像力测定制定了具体指标和应遵循的标准方法；附录C规定了对缩微胶片进行接触拷贝时，拷贝片的密度控制要求；附录D规定了为控制缩微影像质量，除在一般拍摄过程中拍摄测试标板的情况外，还应拍摄测试标板的6种情况。

【规范性引用文件】

GB/T 6159.1—2014　缩微摄影技术　词汇　第1部分：一般术语（ISO 6196-1：1993，MOD）

GB/T 6159.2—2011　缩微摄影技术　词汇　第2部分：影像的布局和记录方法（ISO 6196-2：1993，MOD）

GB/T 6159.3—2014　缩微摄影技术　词汇　第3部分：胶片处理（ISO 6196-3：1997，MOD）

GB/T 6159.4—2014　缩微摄影技术　词汇　第4部分：材料和包装物（ISO 6196-4：1998，MOD）

GB/T 6159.5—2011　缩微摄影技术　词汇　第5部分：影像的质量、可读性和检查（ISO 6196-5：1987，MOD）

GB/T 6159.6—2003　缩微摄影技术　词汇　第6部分：设备（ISO 6196-6：1992，MOD）

GB/T 6161—2008　缩微摄影技术　ISO 2号解像力测试图的描述及其应用（ISO 3334：2006，IDT）

GB/T 6847—2012　摄像材料　照相胶片和相纸　卷曲度的测定（ISO 18910：2000，IDT）

GB/T 11500—2008　摄影　密度测量　第2部分：透射密度的几何条件（ISO 5-2：2001，IDT）

GB/T 11501—2008　摄影　密度测量　第3部分：光谱条件（ISO 5-3：1995，IDT）

GB/T 17293—2008　缩微摄影技术　检查平台式缩微　摄影机系统性能用的测试标板（ISO 10550：1994，MOD）

GB/T 18405—2008　缩微摄影技术　ISO字符和ISO 1号侧视图的特征及其使用（ISO 446：2004，IDT）

ISO 18901：2010　成像材料　已加工银-明胶型黑白胶片　稳定性规范（Imaging materials—Processed silver-gelatin-type black-and-white films—Specifications for stability）

ISO 18911：2010　成像材料　已加工安全照相胶片　存储实践（Imaging materials—Processed safety photographic films—Storage practices）

【修订情况】

本次为第三次修订。

本文件所代替文件的历次版本发布情况为：

1988 年首次发布为 3 个标准 GB/T 8988—1988、GB/T 8989—1988 和 GB/T 8990—1988，1998 年第一次修订了 GB/T 8989—1988；

2006 年第二次修订时将 GB/T 8988—1988、GB/T 8989—1998 和 GB/T 8990—1988 合并为 GB/T 17739.2—2006。

GB/T 19688—2022　信息与文献　数据交换和查询书目数据元目录

【标 准 号】GB/T 19688—2022

【标准名称】信息与文献　数据交换和查询书目数据元目录

【英文名称】Information and documentation—Bibliographic data element directory for use in data exchange and enquiry

【标准类别】基础标准

【采标情况】ISO 8459：2009，IDT

【发布时间】2022-12-30

【实施时间】2023-07-01

【技术归口】全国信息与文献标准化技术委员会

【起草单位】中国科学技术信息研究所、中国医学科学院医学信息研究所、中国科学院文献情报中心

【起 草 人】郝春云、王莉、葛红梅、胡晓莉

【范　　围】

本文件以目录形式描述元数据，这些数据元适用于最终用户或机构进行资源获取、资源描述、编目、检索、借阅或复制的过程。

本文件包括书目系统中交换或潜在交换的数据元，不包括不交换或不可能交换的数据元，也不包括传输协议处理的数据元，只含与应用级协议相关的数据元。

【主要内容】

本文件正文共包括 5 章，分别是：范围，规范性引用文件，术语和定义，目录，数据元、同义词、示例字顺表。

其中，第 3 章术语和定义部分界定了数据元、数据元组等 49 个术语的规范定义。第 4 章将类和子类组织成为一系列表，给出了各类数据元对应在本文件中的章条位置，并规范界定了各类数据元和子数据元的目录、描述、同义词等。第 5 章用表格方式给出了数据元、同义词和示例字顺表。

【规范性引用文件】

无

【修订情况】

本次为第一次修订。

本文件代替了以下文件：

GB/T 19688.1—2005（全部代替）信息与文献　书目数据元目录　第 1 部分：

互借应用；

GB/T 19688.2—2005（全部代替）信息与文献　书目数据元目录　第 2 部分：采访应用；

GB/T 19688.3—2005（全部代替）信息与文献　书目数据元目录　第 3 部分：情报检索；

GB/T 19688.4—2005（全部代替）信息与文献　书目数据元目录　第 4 部分：流通应用；

GB/T 19688.5—2009（全部代替）信息与文献　书目数据元目录　第 5 部分：编目和元数据交换用数据元。

GB/T 20493.3—2018　电子成像　办公文件扫描用测试标板　第3部分：较低解像力应用测试标板

【标 准 号】 GB/T 20493.3—2018

【标准名称】 电子成像　办公文件扫描用测试标板　第3部分：较低解像力应用测试标板

【英文名称】 Electronic imaging — Test target for scanning of office documents — Part 3: Test target for use in lower resolution applications

【标准类别】 方法标准

【采标情况】 ISO 12653-3：2014，IDT

【发布时间】 2018-12-28

【实施时间】 2019-07-01

【技术归口】 全国文献影像技术标准化技术委员会

【起草单位】 中国邮政文史中心（中国邮政邮票博物馆）、中国兵器工业档案馆

【起 草 人】 张颖、李冬梅、刘为、徐红梅、李铭

【范　　围】

本文件是 GB/T 20493《电子成像　办公文件扫描用测试标板》系列标准的第3部分。本文件规定了一种测试标板，用于评价较低解像力反射式扫描系统随时间推移能否保持输出质量的一致性。

本文件适用于评价有或者没有半色调的扫描黑白、彩色办公文件的黑白、彩色扫描器的输出质量。

本文件不适用于扫描透明或半透明文件用的扫描器。

【主要内容】

本文件正文共包括8章，分别是：范围、规范性引用文件、术语和定义、本部分的使用、测试标板、程序、对结果的评价、测试方法。

其中，第3章提出 GB/T 20225.1—2017 和本文件界定的术语及其规范定义表述适用于本文件。第4章给出了本文件规定的评价方法的用途、测试方法的意图，以及影响文件扫描系统所获得质量的因素。第5章规定了测试标板包括的类型、组成元素要求、基底要求，并对双面扫描器用的测试标板给出专门说明。第6章规范了测试标板用于较低解像力反射式扫描系统效果的程序。第7章规定了测试标板上每个测试元素扫描系统效果的评价方法，并对屏幕解像力评价举例说明。第8章给出了测试元素的列表及其对应标板区域、说明了其测试目的，规定了测

试程序和对应标板使用类型。

【规范性引用文件】

GB/T 6161—2008 缩微摄影技术 ISO 2号解像力测试图的描述及其应用（ISO 3334：2006，IDT）

GB/T 18405—2008 缩微摄影技术 ISO字符和ISO 1号测试图的特征及其使用（ISO 446：2004，IDT）

GB/T 20225.1—2017 电子文档管理 词汇 第1部分：电子文档成像（ISO 12651-1：2012，IDT）

GB/T 20493.1—2006 电子成像 办公文件黑白扫描用测试标板 第1部分：特性（ISO 12653-1：2000,IDT）

GB/T 20493.2—2006 电子成像 办公文件黑白扫描用测试标板 第2部分：使用方法（ISO 12653-2：2000,IDT）

ISO 5-4：2009 摄影技术 密度测量 第4部分：反射密度的几何形状（Photography and graphic technology—Density measurements—Part 4：Geometric conditions for reflection density）

【修订情况】

无

GB/T 21373—2023　知识产权文献与信息　分类及代码

【标 准 号】 GB/T 21373—2023

【标准名称】 知识产权文献与信息　分类及代码

【英文名称】 Intellectual property documentation and information — Classification and codes

【标准类别】 管理标准

【采标情况】 无

【发布时间】 2023-03-17

【实施时间】 2023-10-01

【技术归口】 全国知识管理标准化技术委员会

【起草单位】 国家知识产权局

【起 草 人】 白光清、张鹏、贾海岩、王玲、陈少芳、马利霞、郭波涛、陈世华、王程、史敏珊、郭青、王琛、王瑞峰、杨兴、周正

【范　　围】

本文件确立了知识产权文献与信息的分类体系，给出了知识产权文献与信息分类代码。

本文件适用于知识产权文献与信息的分类和标引。

本文件不适用于专利、商标及著作权（版权）等的技术分类。

【主要内容】

本文件正文共包括6章，分别是：范围、规范性引用文件、术语和定义、分类结构、编码方法、分类表。

其中，第3章明确GB/T 21374界定的术语适用于本文件，同时还界定了6个术语并给出了规范的定义表述。第4章提出了知识产权文献与信息的分类体系构成：基本大类表、主表、复分表。第5章分别规定了主表代码和复分表代码的编码结构组成。第6章列出了知识产权文献与信息分类的基本大类表和分类主表类目及说明，并明确复分表在主表的相关类目中具体列出，世界国家（地区）代码表使用GB/T 2659.1—2022的表1。

此外，本文件为便于使用，还对各类目按照类目名称的字母顺序与对应代码提供了索引。

【规范性引用文件】

GB/T 2659.1—2022　世界各国和地区及其行政区划名称代码　第1部分：国家和地区代码

GB/T 21374　知识产权文献与信息　基本词汇

【修订情况】

本次为第一次修订。

本文件所代替文件为：GB/T 21373—2008。

GB/T 22373—2021　标准文献元数据

【标 准 号】 GB/T 22373—2021

【标准名称】 标准文献元数据

【英文名称】 Metadata of standard literature

【标准类别】 基础标准

【采标情况】 无

【发布时间】 2021－03－09

【实施时间】 2021－10－01

【技术归口】 全国科技平台标准化技术委员会

【起草单位】 中国标准化研究院、国家科技基础条件平台中心、广州市标准化研究院、深圳市标准技术研究院

【起 草 人】 周洁、李爱仙、汪滨、程女范、李景、黄海、肖永舒、吕勇、周琼琼、许东惠、李菁、刘恬渊

【范　　围】

本标准规定了标准文献数据集合的基本元数据，给出了标准文献核心元数据、公共元数据的定义及其表示方法。

本标准适用于各类标准文献数据集合的加工、整理、建库、汇编、发布和查询。

【主要内容】

本标准正文共包括 7 章，分别是：范围、规范性引用文件、术语和定义、标准文献元数据的描述方法、标准文献元数据构成、标准文献核心元数据、标准文献公共元数据。

其中，第 4 章规范了标准文献元数据摘要表示、字典表示的描述方法。第 5 章界定了标准文献元数据的构成。第 6 章界定了标准文献核心元数据的组成，并分别用摘要表示和字典表示形式规范了核心元数据的定义、英文名称、数据类型、取值范围等内容。第 7 章界定了标准文献公共元数据的组成，并分别用摘要表示方法规范了公共元数据的定义、英文名称、数据类型、取值范围等内容。

此外，本标准还附有 2 个附录。其中，附录 A 为规范性附录，界定了标准实体元数据与标准文献元数据代码集，包括记录状态代码、发布机构代码、一致性程度代码、标准类型代码、文献类型代码、参建单位代码、实体元数据；附录 B 为资料性附录，提供了常用的国家标准、行业标准、地方标准、国外标准文献元数据表。

【规范性引用文件】

GB/T 788—1999　图书和杂志开本及其幅面尺寸

GB/T 2659　世界各国和地区名称代码

GB/T 3469　信息资源的内容形式和媒体类型标识

GB/T 4880.1　语种名称代码　第1部分：2字母代码

GB/T 4880.2　语种名称代码　第2部分：3字母代码

GB/T 7156　文献保密等级代码与标识

GB/T 7408　数据元和交换格式　信息交换　日期和时间表示法

中国标准文献分类法

国际标准分类法

标准文献主题词表

【修订情况】

本次为第一次修订。

本标准所代替标准为：GB/T 22373—2008。

GB/T 22466—2023　索引编制规则（总则）

【标 准 号】GB/T 22466—2023

【标准名称】索引编制规则（总则）

【英文名称】Guideline for establishment of indexes（General）

【标准类别】基础标准

【采标情况】ISO 999：1996，NEQ

【发布时间】2023-05-23

【实施时间】2023-12-01

【技术归口】全国信息与文献标准化技术委员会

【起草单位】中国索引学会、北京印刷学院、复旦大学、国家图书馆出版社有限公司

【起 草 人】王彦祥、杨光辉、毋栋、温国强、孙涵涵、杨雪珂

【范　　围】

本文件提供了编制各种类型文献索引的一般规则。

本文件适用于包括人工和计算机编制在内的所有类型文献的索引编制。

【主要内容】

本文件正文共包括11章，分别是：范围、规范性引用文件、术语和定义、索引功用、索引类型、编制准备、款目制作、参照系统、索引编排、索引形式、质量管理。

其中，第3章界定了索引编制相关工作的术语和定义。第4章提出了索引作为开发利用文献资源的工具可提供的用途。第5章界定了索引的常用类型，及其不同的主要内容。第6章给出了索引编制准备的各项工作要求。第7章规范了索引款目的构成、索引出处的确定、不同款目形式的编制要求、款目的选择要求、款目编制、合成、校对、反差要求。第8章提出了设置索引参照系统的目的和要求，并规定了参照系统的设置要求。第9章提出了索引编排基础并给出索引编排的规则。第10章列出了索引的形式，并制定了索引版式要求。第11章提出了索引编制的一致性、篇幅及详略、文稿校改和完善、出版质量控制等质量管理要求。

【规范性引用文件】

GB/T 3860—2009　文献主题标引规则

GB/T 7714—2015　信息与文献　参考文献著录规则

GB/T 13418—1992　文字条目通用排序规则

GB/T 15834—2011　标点符号用法

ISO/IEC 10646：2020　信息技术　通用编码字符集（Information technology—Universal coded character set）

【修订情况】

本次为第一次修订。

本文件所代替文件为：GB/T 22466—2008。

GB/T 23286.3—2021 文献管理 长期保存的电子文档文件格式 第3部分：支持嵌入式文件的ISO 32000-1的使用（PDF/A-3）

【标 准 号】 GB/T 23286.3—2021

【标准名称】 文献管理 长期保存的电子文档文件格式 第3部分：支持嵌入式文件的ISO 32000-1的使用（PDF/A-3）

【英文名称】 Document management—Electronic document file format for long-term preservation—Part 3：Use of ISO 32000-1 with support for embedded files（PDF/A-3）

【标准类别】 基础标准

【采标情况】 ISO 19005-3：2012，IDT

【发布时间】 2021-04-30

【实施时间】 2021-11-01

【技术归口】 全国文献影像技术标准化技术委员会

【起草单位】 国家图书馆、福建福昕软件开发股份有限公司、北京影研创新科技发展有限公司

【起 草 人】 冯辉、曹宁、李志尧、刘芳铭、薛四新、龙伟、熊雨前、王坤、徐南

【范　　围】

本文件是GB/T 23286《文献管理 长期保存的电子文档文件格式》系列标准的第3部分。本文件规定了基于PDF1.7进行电子文档的长期保存，用于保持页面文档的静态视觉呈现，并允许包含任何类型的其他内容作为嵌入式文件或附件。

本文件不适用于：

——将纸质或电子文档转换为PDF/A格式的具体流程；

——具体技术设计、用户界面、实现方法或呈现的操作细节；

——储存这些文档的具体物理方法，如媒介和储存条件；

——需要的计算机硬件及/或操作系统。

【主要内容】

本文件正文共包括6章，分别是：范围、规范性引用文件、术语和定义、表示法、一致性级别、技术要求。

其中，第3章界定了适用于本文件的16个术语及其规范定义表述。第4章给出了PDF运算符、PDF关键字、PDF字典键的名称以及其他预定义名称，PDF运算符的操作数或字典键的值等内容的书写表示方法，并给出示例。第5章定义

了用于表示电子文档的文件格式“PDF/A－3”，对一致性级别界定规范说明；还对符合 PDF/A－3 标准的合格阅读器功能性行为进行了规范。第 6 章详细规定了符合 PDF/A－3 标准的文件结构、图形、标注、交互式表单、动作、元数据、逻辑结构、嵌入式文件、可选内容、使用替代演示和过渡、文档要求。

此外，本文件还另附 6 个附录。其中，附录 A 为规范性附录，规定了页面上透明度的确定方法；附录 B 为规范性附录，规定了 PDF/A 中数字签名的要求；附录 C 为资料性附录，给出了 PDF/A 的最佳实践建议；附录 D 为资料性附录，提出了 XFA 数据集的编入推荐；附录 E 为规范性附录，规定了嵌入关联文件、关联文件关系、文档的关联文件、页面的关联文件、标记 PDF 内容、XObject 的关联文件、结构元素的关联文件、标注的关联文件要求，并给出了示例。

同时，本文件还新增 1 个资料性附录 NA，列表给出了中英文词汇的对照。

【规范性引用文件】

ISO/IEC 646　信息技术　信息交换用七位编码字符集（Information technology—ISO 7－bit coded character set for information interchange）

ISO/IEC 10646　信息技术　通用多八位编码字符集（UCS）[Information technology—Universal Coded Character Set（UCS）]

ISO 15076－1　图像技术色彩管理　架构、配置文件格式与数据结构　第 1 部分：基于 ICC. 1：2010（Image technology colour management—Architecture, profile format and data structure—Part 1：Based on ICC. 1：2010）

ISO 15930－7：2010　印刷技术　使用 PDF 进行印前数据交换　第 7 部分：使用 PDF1. 6 进行打印数据的完整数据交换（PDF/X－4）与加入外部配置文件引擎的部分数据交换（PDF/X－4p）[Graphic technology—Prepress digital data exchange using PDF—Part 7：Complete exchange of printing data（PDF/X－4）and partial exchange of printing data with external profile reference（PDF/X－4p）using PDF 1. 6]

ISO 19005－1　文献管理　长期保存的电子文档文件格式　第 1 部分：PDF1. 4 的使用（PDF/A－1）[Document management—Electronic document file format for long－term preservation—Part 1：Use of PDF 1. 4（PDF/A－1）]

ISO 19005－2　文献管理　长期保存的电子文档文件格式　第 2 部分：ISO 32000－1 的使用（PDF/A－2）[Document management—Electronic document file format for long－term preservation—Part 2：Use of ISO 32000－1（PDF/A－2）]

ISO 32000－1　文献管理　可移植文档格式　第 1 部分：PDF1. 7（Document management—Portable document format—Part 1：PDF 1. 7）

ICC. 1：1998－09　颜色配置文件的文件格式，国际色彩联盟。可从（http：//www. color. org/ICC－1 1998－09. PDF）获取 [File Format for Color Profiles, International Color Consortium. Available at（http：//www. color. org/ICC－1_1998－

09. PDF)]

ICC. 1：2001－12 颜色配置文件的文件格式（版本 4. 0. 0），国际色彩联盟。可从（http：//www. color. org/）获取［File Format for Color Profiles（Version 4. 0. 0），International Color Consortium. Available at（http：//www. color. org/）］

ICC. 1：2003－09 颜色配置文件的文件格式，国际色彩联盟。可从（http：//www. color. org/）获取［File Format forColor Profiles，International Color Consortium. Available at（http：//www. color. org/）］

RDF/XML 语法规范（修订版），W3C 推荐规范，2004 年 2 月 10 日。可从（http：//www. w3. org/TR/2004/REC－rdf－syntax－grammar－20040210/）获取［RDF/XML Syntax Specification（Revised），W3C Recommendation，10 February 2004. Available at（http：//www. w3. org/TR/2004/REC－rdf－syntax－grammar－20040210/）］

XMP：可扩展元数据平台，（2005 年 9 月版），Adobe 系统公司。可参考相关机构发布的信息［XMP：Extensible Metadata Platform，（September 2005），Adobe Systems Incorporated. Available at（http：//www. aiim. org/documents/standards/xmpspecification. pdf）］

Adobe 字形表，2002 年 9 月 20 日，Adobe 系统公司。可参考相关机构发布的信息［Adobe Glyph List，20 September 2002，Adobe Systems Incorporated. Availableat（http：//partners. adobe. com/public/developer/en/opentype/glyphlist. txt）］

Adobe 对 ISO 32000－1 的增补，基本版本 1. 7，扩展级别 5，Adobe 系统公司。可从（http：//www. adobe. com/devnet/acrobat/pdfs/adobe_ supplement_ iso32000_1. pdf）获取［Adobe Supplement to ISO 32000－1，Base Version 1. 7，Extension Level 5，Adobe Systems Incorporated. Available at（http：//www. adobe. com/devnet/acrobat/pdfs/adobe_supplement_iso32000_1. pdf）］

RFC 2315，PKCS＃7：密码消息语法 1. 5 版（RFC 2315，PKCS ＃7：Cryptographic Message Syntax Version 1. 5）

RFC 3280，因特网 X，509 PKI 证书和证书吊销列表（CRL）格式［RFC 3280，Internet X. 509 Public Key Infrastructure Certificate and Certificate Revocation List（CRL）Profile］

可扩展标记语言 1. 0（第三版），W3C 推荐规范，2004 年 2 月 4 日。可从（http：//www. w3. org/TR/2004/REC－xml－20040204）获取

【修订情况】

无

GB/T 26162—2021 信息与文献 文件（档案）管理概念与原则

【标 准 号】GB/T 26162—2021

【标准名称】信息与文献 文件（档案）管理概念与原则

【英文名称】Information and documentation—Records management—Concepts and principles

【标准类别】基础标准

【采标情况】ISO 15489-1：2016，IDT

【发布时间】2021-12-31

【实施时间】2022-07-01

【技术归口】全国信息与文献标准化技术委员会

【起草单位】中国人民大学、国家档案局、天津师范大学、中国科学技术信息研究所、山东省计算中心（国家超级计算济南中心）、郑州航富数波科技有限公司、中电科大数据研究院有限公司、北京国信唯实信息技术研究院有限公司、上海信联信息发展股份有限公司、深圳市电子政务云计算应用技术国家工程实验室有限公司、福建华闽通达信息技术有限公司、鲁能集团有限公司

【起 草 人】安小米、孙舒扬、聂曼影、加小双、白文琳、刘春燕、蔡盈芳、高永超、张大鹏、何芮、庞玲玲、张静、杨安荣、王金祥、胡菊芳、程序、连樟文、杨中庆、钱大龙

【范 围】

本文件确立了规范文件形成、捕获和管理的概念与原则，包括与以下领域相关的概念与原则：

a）文件、文件元数据和文件系统；

b）支持高效文件管理的方针、职责分配、监督和培训；

c）业务背景的常规分析及文件要求的识别；

d）文件控制；

e）文件形成、捕获和管理的过程。

本文件适用于各个时期、各类业务和技术环境下，任何结构和形式的文件的形成、捕获和管理。

【主要内容】

本文件正文共包括 9 章，分别是：范围，规范性引用文件，术语和定义，文件管理原则，文件与文件系统，方针与职责，鉴定，文件控制，形成、捕获和管

理文件的过程。

其中，第 4 章提出了文件管理的原则要求，第 5 章提出文件具备信息资产的属性、文件和文件系统的特性，同时界定了文件管理的内容。第 6 章提出了文件管理需要明确文件管理人员的职责，并要求制定记录并实施文件管理方针、职责划分、构建监管与评估标准、开展技能与培训。第 7 章提出了开展鉴定过程的通知，规范了文件管理中对鉴定工作的要求。第 8 章提出对建议制定文件控制以协助满足文件要求，包括文件元数据方案、业务分类方案、访问和许可规则、处置授权。第 9 章对形成、捕获、分类与标引、访问控制、存储、利用与再利用、迁移与转换、文件处置的过程制定了规范。

【规范性引用文件】

无

【修订情况】

本次为第一次修订。

本文件所代替文件为：GB/T 26162.1—2010（全部代替） 信息与文献 文件管理 第 1 部分：通则（ISO 15489.1—2001，IDT）。

GB/T 26163.2—2023　信息与文献　文件（档案）管理元数据　第2部分：概念化及实施

【标 准 号】GB/T 26163.2—2023

【标准名称】信息与文献　文件（档案）管理元数据　第2部分：概念化及实施

【英文名称】Information and documentation—Metadata for managing records—Part 2：Conceptual and implementation issues

【标准类别】基础标准

【采标情况】ISO 23081-2：2021，IDT

【发布时间】2023-08-06

【实施时间】2024-03-01

【技术归口】全国信息与文献标准化技术委员会

【起草单位】中国人民大学、天津师范大学、国家档案局、国网浙江省电力有限公司信息通信分公司、山东省计算中心（国家超级计算济南中心）、中国电子技术标准化研究院、高地知库（北京）信息咨询有限公司、苏州石头记智能科技有限公司、中电科大数据研究院有限公司、深圳市永兴元科技股份有限公司、广州炎晟信息科技有限公司

【起 草 人】安小米、白文琳、郝晨辉、何芮、姚一杨、李刚、张红卫、王金祥、杨安荣、程序、连樟文、杨中庆、沈荣、王丽丽、黄婕、许济沧、胡菊芳

【范　　围】

本文件在遵循ISO 23081—1：2017中阐明的原则与实施要点的前提下，建立了用于定义元数据元素的框架。该框架的宗旨在于：

a）有助于文件及其相关的关键背景实体的标准化描述；

b）建立对文件固定级次信息的共同理解，以促进组织系统之间文件及与文件相关信息的互操作；

c）有助于文件管理元数据跨时间、跨空间和跨应用领域的再利用及其标准化。

为便于实施文件管理元数据，本文件进一步明确了需要处理和记录的关键决策点。目的在于：

——明确文件管理元数据实施中需要解决的问题；

——明确和阐明解决问题的多种选择；

——明确文件管理元数据实施过程中决策制定和作出选择的各种路径。

【主要内容】

本文件正文共包括11章，分别是：范围、规范性引用文件、术语和定义、元

数据的目的和益处、方针和责任、元数据概念模型、元数据实施相关概念、文件管理元数据模型、通用元数据元素、文件管理元数据方案制定、文件管理元数据实施。

其中，第 6 章提出了概念化的实体模型、扁平化实体模型的构建图。第 7 章界定了文件的聚合概念、继承关系、元数据的重复使用、元数据元素间的互相依赖关系、可扩展性和模块化，提出了实体类别的聚合方案。第 8 章界定了六大类通用元数据，提出了文件管理的元数据模型、动态元数据模型、元数据文件。第 9 章界定了通用元数据元素的六大类元数据元素包含的子元素内容及模型。第 10 章提出了文件管理元数据方案各要素制定的要求。第 11 章规范了文件管理元数据实施，包括概述、存储和管理、元数据捕获、创建文件管理元数据文件、注册、元数据作为文件管理控制工具、链接元数据、鉴定、文件移交、长期保存和存储格式、确保元数据长期管理等。

【规范性引用文件】

GB/T 26162—2021 信息与文献 文件（档案）管理 概念与原则（ISO 15489—1：2016，IDT）

ISO/IEC 11179—1 信息技术 元数据注册系统（MDR） 第 1 部分：框架［Information technology－Metadata registries（MDR）－Part 1：Framework］

注：GB/T 18391.1—2009 信息技术 元数据注册系统（MDR） 第 1 部分：框架（ISO/IEC 11179—1：2004，IDT）

ISO 23081—1：2017 信息与文献 文件管理过程 文件元数据 第 1 部分：原则（Information and documentation－Records management processes－Metadata for records－Part 1：Principles）

注：GB/T 26163.1—2010 信息与文献 文件管理过程 文件元数据 第 1 部分：原则（ISO 23081—1：2006，IDT）

ISO 30300 信息与文献 文件管理 核心概念与术语（Information and documentation－Records management－Core concepts and vocabulary）

注：GB/T 34110—2017 信息与文献 文件管理体系 基础与术语（ISO 30300：2011，IDT）

【修订情况】

无

GB/T 28220—2023　公共图书馆服务规范

【标 准 号】GB/T 28220—2023

【标准名称】公共图书馆服务规范

【英文名称】Public library service specifications

【标准类别】管理标准

【采标情况】无

【发布时间】2023-03-17

【实施时间】2023-07-01

【技术归口】全国图书馆标准化技术委员会

【起草单位】上海图书馆（上海科学技术情报研究所）、浙江图书馆、甘肃省图书馆、长春市图书馆、广州图书馆、上海市图书馆行业协会

【起 草 人】陈超、马春、周玉红、金晓明、葛菁、金武刚、陈顺忠、曲蕴、樊佳怡、胡东、陈军、谢群、方家忠

【范　　围】

本文件规定了公共图书馆服务的总则、服务资源、服务效能、服务营销、服务监督与评价。

本文件适用于县级以上公共图书馆的服务提供。乡镇（街道）和社会力量设立的各类公共图书馆以及村（社区）和社会力量设立的各类公共图书馆基层服务点参照执行。

【主要内容】

本文件正文共包括 8 章，分别是：范围、规范性引用文件、术语和定义、总则、服务资源、服务效能、服务营销、服务监督与评价。

其中，第 3 章界定了 8 个公共图书馆服务专业术语及其规范定义。第 4 章提出了公共图书馆服务应遵循的总则要求。第 5 章分别从设施设备、人力资源、文献信息资源 3 个层面提出服务资源的要求。第 6 章提出了对服务时间、基本服务要求、流动服务、自助服务、数字服务、个性化服务和总分馆服务等公共图书馆服务能力要求，提出了对文献加工处理时间、服务响应时间、开架图书排架正确率、馆藏使用量统计、阅读推广活动量统计等服务效率要求。第 7 章规范了公共图书馆服务营销相关内容与要求，包括：宣传推广、馆藏揭示、导引标识、服务告示和资产公开与年报制度。第 8 章规范了公共图书馆服务监督与评价的开展与指标要求。

【规范性引用文件】

GB/T 10000.1　公共信息图形符号　第 1 部分：通用符号

GB/T 13191　信息与文献　图书馆统计

GB/T 31015　公共信息导向系统　基于无障碍需求的设计与设置原则

GB 37487　公共场所卫生管理规范

GB 50763　无障碍设计规范

JGJ 38—2015　图书馆建筑设计规范

WH/T 47　图书馆数字资源统计规范

WH/T 71　图书馆参考咨询服务规范

WH/T 76　流动图书车车载装置通用技术条件

【修订情况】

本次为第一次修订。

本文件所代替文件为：GB/T 28220—2011（全部代替）。

GB/T 34112—2022 信息与文献 文件（档案）管理体系 要求

【标 准 号】GB/T 34112—2022

【标准名称】信息与文献 文件（档案）管理体系 要求

【英文名称】Information and documentation—Management systems for records—Requirements

【标准类别】基础标准

【采标情况】ISO 30301：2019，IDT

【发布时间】2022－07－11

【实施时间】2023－02－01

【技术归口】全国信息与文献标准化技术委员会

【起草单位】中国人民大学、国家档案局、天津师范大学、高地知库（北京）信息咨询有限公司、中国科学技术信息研究所、山东省计算中心（国家超级计算济南中心）、中电科大数据研究院有限公司、郑州航富数波科技有限公司、上海信联信息发展股份有限公司、深圳市电子政务云计算应用技术国家工程实验室有限公司、鲁能集团有限公司

【起 草 人】安小米、白文琳、聂曼影、加小双、刘春燕、蔡盈芳、高永超、王金祥、张静、孙舒扬、杨安荣、何芮、庞玲玲、张大鹏、胡菊芳、程序、连樟文、钱大龙

【范 围】

本文件规定了文件管理体系应满足的要求，以支持组织实现其职责、使命、战略和目标。本文件聚焦文件方针和目标的建立和实施，并为文件管理绩效的测评和监控提供指南。

本文件适用于有下列任意类型的组织：

——建立、实施、维护与改进文件管理体系以支持其业务；

——确保组织的文件管理体系与其规定的文件方针保持一致；

——通过以下方式来证明与本文件的一致性：

- 开展自我评估和自我声明；
- 通过第三方来证实自我声明；
- 通过第三方来认证文件管理体系。

【主要内容】

本文件正文共包括10章，分别是：范围、规范性引用文件、术语和定义、组

织环境、领导作用、规划、支持、运行、绩效评价、改进。

其中，第3章除列出的术语和定义外，还提出了ISO在线浏览平台（https：//www. iso. org/obp）和IEC Electropedia（http：//www. electropedia. org/）的术语数据库也适用于本文件。第4章提出了组织应确定的宗旨相关并影响其实现文件管理体系预期结果的能力的各种内部和外部因素。第5章给出了领导对文件管理体系的领导作用和承诺，提出应制定文件方针以及对方针的要求，对管理组织的岗位、职责和权限分配提出要求。第6章要求对文件管理体系应考虑的风险与机遇的相关因素，及组织应规划应对措施。第7章给出了文件管理体系建设需要的资源、能力、意识、沟通、证明性信息的支持要素。第8章规定了实施文件管理体系的运行措施，包括运行计划与控制，确定创建的文件，文件过程、文件控制和文件系统的设计和实施。第9章提出了文件管理体系绩效评价要求，包括：监控、测量、分析和评价，内部审核，管理评审。第10章对文件管理体系提出了不符合及纠正措施、持续改进的要求。

此外，本文件还附规范性附录A，给出了文件过程、文件控制和文件系统的运行要求。

【规范性引用文件】

ISO 30300　信息与文献　文件管理体系　基础与术语（Information and documentation—Management system for records—Fundamentals and vocabulary）

【修订情况】

本次为第一次修订。

本文件所代替文件为：GB/T 34112—2017。

GB/T 36067—2018 信息与文献 引文数据库数据加工规则

【标 准 号】GB/T 36067—2018

【标准名称】信息与文献 引文数据库数据加工规则

【英文名称】Information and documentation—Specification for data processing of citation databases

【标准类别】基础标准

【采标情况】无

【发布时间】2018-03-15

【实施时间】2018-10-01

【技术归口】全国信息与文献标准化技术委员会

【起草单位】中国科学技术信息研究所、中国科学院文献情报中心、中国社会科学院、南京大学、北京万方数据股份有限公司、中国学术期刊（光盘版）电子杂志社有限公司

【起 草 人】赵捷、刘筱敏、王星、马学良、苏金燕、王文军、武军红、刘春燕、李旭林、富平、白光武

【范 围】

本标准规定了期刊论文、专著、学位论文、科技报告等文献类型中的引文数据加工要素和著录规则以及引文数据加工规范。

本标准适用于文献信息机构及相关机构进行引文数据加工与引文数据库建设。

【主要内容】

本标准正文共包括 8 章，分别是：范围、规范性引用文件、术语和定义、引文数据加工原则、引文数据著录总则、引文加工要求及基本元素名称表、元素的数据加工规则、引文加工基本元素属性及其定义。

其中，第 3 章界定了适用于本标准的 6 个术语及其规范定义。第 4 章给出了引文数据加工的原则，包括：完整性原则、准确性原则、客观性原则、扩展与关联原则、先进性原则。第 5 章提出了引文数据著录总则，对著录信息源、著录文字与符号、引文数据关联提出了著录中的要求。第 6 章提出了引文加工基本元素构成，同时引文加工基本元素应具备可扩展性。第 7 章规定了引文数据库加工各元素的具体著录规则，并分别给出示例。第 8 章规范了引文加工基本元数据的属性及其定义，并给出了示例。

此外，本标准还另附 1 个资料性附录 A，列表给出了常用文献类型和文献载

体标识代码。

【规范性引用文件】

GB/T 4880.2　语种名称代码　第2部分：3字母代码

GB/T 7408　数据元和交换格式　信息交换　日期和时间表示法

GB/T 7714—2015　信息与文献　参考文献著录规则

ANSI/NISO Z39.9　期刊文章标签集（Journal Article Tag Suite 1.1）

【修订情况】

无

GB/T 36068—2018　中国机读馆藏格式

【标 准 号】GB/T 36068—2018

【标准名称】中国机读馆藏格式

【英文名称】China machine-readable catalogue format for holdings data

【标准类别】基础标准

【采标情况】无

【发布时间】2018-03-15

【实施时间】2018-10-01

【技术归口】全国信息与文献标准化技术委员会

【起草单位】国家图书馆、北京大学图书馆、中国科学院文献情报中心、北京师范大学图书馆

【起 草 人】贺燕、曹迁、槐燕、刘春玥、朱学军、侯旭红

【范　　围】

本标准规定了计算机可读馆藏记录的标准结构，包括字段标识符、字段指示符和子字段标识符，以及馆藏记录的内容标识在磁带、软盘、光盘等载体上的逻辑和物理格式。

本标准适用于揭示文献的收藏与管理信息。

【主要内容】

本标准正文共包括 6 章，分别是：范围、规范性引用文件、术语和定义、格式结构、应用规则、记录头标和数据字段——详细说明。

其中，第 3 章界定了适用于本标准的术语和规范定义，明确了 GB/T 24424—2009 和 GB/T 33286—2016 的术语和定义适用于本标准。第 4 章提出了馆藏记录应遵循的标准记录结构，并给出格式说明。第 5 章提出了馆藏格式的应用中的必备字段，界定了馆藏说明的 4 个级别，提出了填充符的使用条件，定义了代码数据值、数字子字段，规范了字段间连接数据意义，规范了标识符号、格式应用的要求，并给出了 CNMARC 馆藏记录字段与 GB/T 24424—2009 著录项、与 CNMARC 书目记录相关字段之间的对照。第 6 章给出了馆藏记录格式记录头标和各数据字段的详细规范要求，并给出示例。

此外，本标准还另附资料性附录 A，给出了馆藏记录的完整样例。

【规范性引用文件】

GB/T 1988　信息技术　信息交换用七位编码字符集

GB/T 2312　信息交换用汉字编码字符集　基本集

GB/T 2659　世界各国和地区名称代码

GB/T 2901　信息与文献　信息交换格式

GB/T 4880.2　语种名称代码　第2部分：3字母代码

GB/T 7408　数据元和交换格式　信息交换　日期和时间表示法

GB/T 24424—2009　馆藏说明

GB/T 33286—2016　中国机读书目格式

ISO 646　信息技术　信息交换用ISO 7位编码字符集（Information technology—ISO 7-bit coded character set for information interchange）

ISO 5426　书目信息交换用拉丁字母编码字符扩展集（Extension of the Latin alphabet coded character set for bibliographic information interchange）

ISO 5426-2　信息和文献　书目信息交换用拉丁字母编码字符扩展集　第2部分：用于欧洲小语种和旧印刷体的拉丁字符（Information and documentation—Extension of the Latin alphabet coded character set for bibliographic information interchange—Part 2：Latin characters used in minor European languages and obsolete typography）

ISO 5427　书目信息交换用斯拉夫字母编码字符扩展集（Extension of the Cyrillic alphabet coded character set for bibliographic information interchange）

ISO 5428　书目信息交换用希腊字母编码字符集（Greek alphabet coded character set for bibliographic information interchange）

ISO 6438　文献　书目信息交换用非洲字母编码字符集（Documentation—African coded character set for bibliographic information interchange）

ISO 8957　信息和文献　书目信息交换用希伯来字母编码字符集（Information and documentation—Hebrew alphabet coded character sets for bibliographic information interchange）

ISO 10586　信息和文献　书目信息交换用格鲁吉亚字母编码字符集（Information and documentation—Georgian alphabet coded character set for bibliographic information interchange）

ISO/IEC 10646 AMD 1　信息技术　通用多8位编码字符集（UCS）　附件1：（古斯拉夫）格拉哥里字符、（古埃及）科普特字符、格鲁吉亚字符和其他字符［Information technology—Universal Multiple-Octet Coded Character Set（UCS）—Amendment 1：Glagolitic，Coptic，Georgian and other characters］

通用机读目录手册：馆藏格式（2007年第1版）［UNIMARC manual：holdings format（Version 12007）］

【修订情况】

无

GB/T 36070—2018　地方志索引编制规则

【标 准 号】 GB/T 36070—2018

【标准名称】 地方志索引编制规则

【英文名称】 Guidelines for establishment of indexes of the local chronicles

【标准类别】 基础标准

【采标情况】 无

【发布时间】 2018－03－15

【实施时间】 2018－10－01

【技术归口】 全国信息与文献标准化技术委员会

【起草单位】 中国索引学会、佛山科学技术学院、复旦大学、北京印刷学院

【起 草 人】 衡中青、杨光辉、王彦祥、王有朋、温国强、王雅戈、康艳、郭丽芳、赵月南

【范　　围】

本标准规定了新编地方志索引编制规则，为新编地方志索引编制提供专业性规则和说明性规定。

本标准适用于新编地方志书和地方综合年鉴索引编制工作。

编制行业志、专业志以及其他地方文献索引可参考本标准。

【主要内容】

本标准正文共包括 9 章，分别是：范围、规范性引用文件、术语和定义、地方志索引功用、常见地方志索引类型、地方志索引范围、地方志标引、地方志索引构建、地方志索引质量控制。

其中，第 3 章界定了适用于本标准的 6 个专业术语及其规范定义。第 4 章说明了编制地方志索引具有符合《地方志书质量规定》体例、揭示内容、方便检索、辅助学术的功用。第 5 章按照索引款目、索引对象、索引呈现方式三种方法，分类给出了地方志索引的常见类型。第 6 章界定了地方志索引的著录范围。第 7 章分别界定了人名、地名、机构、会议、展览、活动、事件、物产、名胜古迹、文献题名、表格、图照、主题标引的对象，并给出不同的标引操作要求。第 8 章给出了地方志索引各工作环节的内容及工作要求，包括：索引设计、款目制作、建立参照系统、款目排序、编写索引使用说明、索引校对和反查。第 9 章提出了地方志索引质量控制的要求。

【规范性引用文件】

GB/T 22466—2008　索引编制规则（总则）

【修订情况】

无

GB/T 36369—2018 信息与文献 数字对象唯一标识符系统

【标 准 号】GB/T 36369—2018

【标准名称】信息与文献　数字对象唯一标识符系统

【英文名称】Information and documentation—Digital object identifier system

【标准类别】基础标准

【采标情况】ISO 26324：2012，IDT

【发布时间】2018-06-07

【实施时间】2019-01-01

【技术归口】全国信息与文献标准化技术委员会

【起草单位】中国科学技术信息研究所、北京万方数据股份有限公司

【起 草 人】姚长青、乔晓东、郭晓峰、李颖、王莉军、白海燕、崔学良

【范　　围】

本标准规范了数字对象唯一标识符系统的语法、描述和解析功能组件，以及对DOI（数字对象唯一标识符）名称进行创建、注册和管理的基本原则。

本标准未指定特定的、执行数字对象唯一标识符系统的语法、描述和解析功能组件的技术。

【主要内容】

本标准正文共包括8章，分别是：范围、规范性引用文件、术语和定义、DOI名称、DOI名称的分配、DOI名称的解析、DOI元数据和DOI系统的管理。

其中，第3章界定了16个适用于本标准的术语及其规范定义。第4章给出了DOI名称的语法组成，并规定了DOI名称的显示及URL展示或在特殊网络环境等方式下的其他表示。第5章规定了DOI名称的分配原则、名称分配的精确度，并提出了元数据描述的详细度、唯一性和持久性要求。第6章界定了对DOI名称解析的内容以及解析技术功能特性的要求。第7章提出了DOI元数据功能要求和注册要求。第8章提出DOI系统管理应以附录C描述的标准为依据。

此外，本标准还另附3个规范性附录和1个资料性附录。其中，附录A为规范性附录，定义了DOI系统与其他标识符方案的关系；附录B为规范性附录，提出了DOI元数据规范中使用的数据元素和数据字典，界定了DOI核心元数据声明中的描述性元素和管理性元数据，并给出了描述性元素的注释；附录C为规范性附录，规定了DOI系统管理要求，包括注册管理机构、注册条件，为第8章提供详细内容；附录NA为资料性附录，是起草人为便于本标准使用者参考，提供了

中国的注册者 DOI 名称实例，给出了指示物及对应的 DOI 名称实例和 DOI 名称后缀说明。

【规范性引用文件】

统一码联盟．统一码™标准[2)]（Unicode Consortium. The Unicode™ Standard[2)]）

【修订情况】

无

GB/T 36719—2018　图书馆视障人士服务规范

【标 准 号】 GB/T 36719—2018

【标准名称】 图书馆视障人士服务规范

【英文名称】 General specification of library services for the visually impaired

【标准类别】 其他标准

【采标情况】 无

【发布时间】 2018－09－17

【实施时间】 2019－04－01

【技术归口】 全国图书馆标准化技术委员会

【起草单位】 中国视障文化资讯服务中心（中国盲文图书馆）、安徽省图书馆、上海浦东图书馆、浙江图书馆、上海图书馆（上海科学技术情报研究所）、国家图书馆、中国盲文出版社

【起 草 人】 沃淑萍、唐李真、林旭东、陈克杰、冯铁宇、谢影、浦墨、李春明、杨阳、何川、刘东晓、李健、王光武

【范　　围】

本标准规定了图书馆视障人士服务的服务对象、服务资源、服务内容与形式、服务要求、服务宣传、服务监督与评价。

本标准适用于各省、地（市）、县（区）级公共图书馆（含少年儿童图书馆）视障阅览室以及残疾人联合会、盲人教育机构和其他社会组织建立的为视障人士提供图书馆服务的专门场所。

【主要内容】

本标准正文共包括 10 章，分别是：范围、规范性引用文件、术语和定义、总则、服务对象、服务资源、服务内容与形式、服务要求、服务宣传、服务监督与评价。

其中，第 3 章界定了 15 个适用于本标准的有关视障人士图书馆服务设施设备的专业术语和规范定义。第 4 章提出了图书馆视障人士服务的总则。第 5 章提出了图书馆对视障人士服务的对象群体构成分类。第 6 章提出了图书馆向视障人士服务资源配置的原则，并分别规定了馆舍建设、阅览设备、文献资源、人力资源等各类服务资源应符合的要求。第 7 章对公共图书馆的视障阅览室和盲文图书馆提供的服务内容、基本服务和拓展服务的形式予以规范。第 8 章对公共图书馆的视障阅览室和盲文图书馆提供服务的时间、服务告示内容与方式、服务资源推介、服务指标提出规范要求。第 9 章规范了视障人士图书馆服务宣传方式和宣传内容。

第10章提出了视障人士图书馆服务监督和评价的方法和要求。

【规范性引用文件】

GB/T 28220 公共图书馆服务规范

GB/T 31015 公共信息导向系统 基于无障碍需求的设计与设置原则

GB 50763 无障碍设计规范

JGJ 38 图书馆建筑设计规范

YD/T 1761 网站设计无障碍技术要求

【修订情况】

无

GB/T 36720—2018 公共图书馆少年儿童服务规范

【标 准 号】 GB/T 36720—2018

【标准名称】 公共图书馆少年儿童服务规范

【英文名称】 Public library service specifications for children

【标准类别】 管理标准

【采标情况】 无

【发布时间】 2018-09-17

【实施时间】 2019-04-01

【技术归口】 全国图书馆标准化技术委员会

【起草单位】 湖南省少年儿童图书馆、国家图书馆、天津市少年儿童图书馆

【起 草 人】 杨柳、李彬、黄洁、郭坚、于孝津、邓镰、薛天、周丽丽、陈慧娜、金铁龙、胡宏哲、杜嵘

【范　　围】

本标准规定了公共图书馆对0～18岁少年儿童服务的服务资源、服务政策、服务内容和要求、服务宣传、合作共享、服务绩效评价等内容。

本标准适用于县（区）级以上公共图书馆（包括少年儿童图书馆）。乡镇（街道）、村（社区）图书馆（图书室）以及社会力量举办的各类公共图书馆基层服务点可参照执行。

【主要内容】

本标准正文共包括10章，分别是：范围、规范性引用文件、术语和定义、总则、服务资源、服务政策、服务内容与形式、服务宣传、合作共享、服务绩效评价。

其中，第4章提出了公共图书馆开展少年儿童服务应遵循的总则。第5章列出了公共图书馆对少年儿童服务应配备的各类资源，包括经费、设施设备等硬件资源、人力资源及馆藏资源。第6章规定了公共图书馆对少年儿童服务制度建设内容、服务方式。第7章规定了服务内容和要求。第8章给出了服务宣传的方式和要求。第9章提出了公共图书馆少年儿童服务开展合作共享的原则，以及馆际合作共享和社会合作共享的方式。第10章对公共图书馆少年儿童服务绩效评价制定了考核指标，对服务满意度调查的开展提出要求，并对服务改进方式给出要求。

【规范性引用文件】

GB 6675（所有部分）　玩具安全

GB 8898　音频、视频及类似电子设备　安全要求

GB/T 13191　信息与文献　图书馆统计

GB 28007　儿童家具通用技术条件

GB/T 28220　公共图书馆服务规范

公共图书馆建设标准　建标 108

公共图书馆建设用地指标　建标〔2008〕74 号

【修订情况】

无

GB/T 37003.1—2018　文献管理　采用 PDF 的工程文档格式　第 1 部分：PDF1.6（PDF/E－1）的使用

【标 准 号】GB/T 37003.1—2018

【标准名称】文献管理　采用 PDF 的工程文档格式　第 1 部分：PDF1.6（PDF/E－1）的使用

【英文名称】Document management—Engineering document format using PDF—Part 1：Use of PDF1.6（PDF/E－1）

【标准类别】方法标准

【采标情况】ISO 24517－1：2008，IDT

【发布时间】2018－12－28

【实施时间】2019－07－01

【技术归口】全国文献影像技术标准化技术委员会

【起草单位】国家档案局档案科学技术研究所

【起 草 人】聂曼影、魏伶俐、周忠

【范　　围】

本文件为 GB/T 37003《文献管理　采用 PDF 的工程文档格式》系列标准的第 1 部分。本部分规定了便携文档格式（PDF）1.6 版在工程文档生成中的使用。

本部分没有对以下方面作出界定：

——电子发布的方法；

——将纸质或电子文档转换成 PDF/E 格式的方法；

——具体的技术设计、用户界面或软件实现；

——所需的计算机硬件和（或）操作系统；

——PDF/E 文件或阅读器一致性校验的方法。

【主要内容】

本文件正文共包括 19 章，分别是：范围、规范性引用文件、术语和定义、记号、PDF/E－1 合规文件和阅读器、语法、图形、字体、注释、交互式表单、操作、演示文稿、元数据、嵌入文件、多媒体、3D、无法识别的数据、加密、数字签名。

其中，第 3 章界定了适用于本文件的 10 个术语及其规范性定义表述。第 4 章规范了本部分提及《Adobe PDF 参考》时的专指内容，给出了用于分隔对象和描述 PDF 文件结构的标记字符使用规范，并给出示例。第 5 章规定了如何使用 PDF 文件格式对表示一个复合实体的数字数据进行交换。第 6 章规定了对文件头、文件尾、文档ID、交叉引用表和交叉引用流、文档信息字典、字符串对象、流对象、线性化PDF、实现限制内容的要求。第7章从输出方法、色彩空间、图像字典、复合外部对象、引用外部对象、印刷外部对象、渐变运算符、扩展的图形状态、呈现方式、内容流、可选内容和打印缩放几个方面，规定了对图形页面内容的呈现中文本、字体等的要求。第8章提出了PDF/E－1合规文件的文本内容进行呈现时，字体类型、合成字体、嵌入字体程序、字体子集和字符编码的要求，以确保在字形基础上，文件的静态外观与创建时是一致的，且允许恢复文本内容每个字符的语义属性。第9章界定了PDF/E－1合规交互式阅读显示注释字典键的值。第10章规定了PDF/E－1文件目录对象中形成交互表单字典的要求。第11章提出对PDF/E－1与超文本链接操作要求。第12章提出了对PDF/E－1与演示文稿模式操作的要求。第13章提出了对PDF/E－1合规文件的元数据相关要求，包括版本识别、文档信息字典、XMP头、文件标识符、文件来源信息和校验内容。第14章明确了非交互式和交互式PDF/E－1合规阅读器对嵌入文件的操作要求。第15章规定了对一致性级别不同的阅读器，在PDF/E－1文件的独立性、多媒体处理、必备参数、备用演示文稿的要求。第16章分别对显示3D注释、支持的3D格式、3D JavaScript规定了PDF/E－1处理3D作品的要求。第17章提出了PDF/E－1合规文件对无法识别的数据的处理规定。第18章提出了对PDF/E－1合规文件加密限制和要求。第19章提出了对PDF/E－1合规文件数字签名的相关要求。

此外，本文件有1个资料性附录A，给出了一系列进行工程信息交换操作中最常见PDF/E应用程序的用例。

【规范性引用文件】

GB/T23286.1—2009　文献管理　长期保存的电子文档文件格式　第1部分：PDF1.4（PDF/A－1）的使用（ISO 19005－1：2005，IDT）

ICC.1：2004－10（4.2.0.0版）图像技术色彩管理—体系结构、描述格式和数据结构，国际色彩联盟（可从www.color.org下载）

Adobe PDF参考（第5次修订1.6版），ISBN 0－321－30474－8（可从以下网址下载：http：//www.npes.org/standards/toolspdfx.html）

Adobe PDF参考（第5次修订1.6版）勘误表，2005年8月31日（可从以下网址下载：http：//www.npes.org/standards/toolspdfx.html）

混合模式的附录，Adobe系统公司，2006年1月23日（可从以下网址下载：http：//www.npes.org/standards/toolspdfx.html）

XMP规范，XMP™：让介质智能化，Adobe系统公司，2005年9月（可从以下网址下载：http：//partners.adobe.com/public/developer/en/xmp/sdk/xmpspecification.pdf）

【修订情况】

无

GB/T 37058—2018 图书馆编码标识应用测试

【标 准 号】GB/T 37058—2018

【标准名称】图书馆编码标识应用测试

【英文名称】Test specification for encoding and identification in library application

【标准类别】方法标准

【采标情况】无

【发布时间】2018-12-28

【实施时间】2019-07-01

【技术归口】全国物品编码标准化技术委员会

【起草单位】中国物品编码中心、国家射频识别产品质量监督检验中心、深圳市标准技术研究院、广东省标准化研究院

【起 草 人】李志敏、罗艳、鄢若韫、黎志文、李媛红、李平、张彪、王隆、董腾、汤达航、夏莹莹

【范 围】

本标准规定了图书馆图书、层架和读者证的编码标识以及图书馆射频识别标签的技术要求、应用场景性能要求和测试方法。

本标准适用于图书馆射频识别图书标签、层架标签和读者证的数据编码、选型以及测试。

【主要内容】

本标准正文共包括 9 章，分别是：范围、规范性引用文件、术语和定义、图书馆图书编码标识、图书馆层架编码标识、图书馆读者证编码标识、图书馆 RFID 标签技术要求、图书馆 RFID 应用场景性能要求、图书馆 RFID 标签及典型应用场景测试方法。

其中，第 3 章提出了 GB/T 29261.3 界定的及本部分提出的术语和定义适用于本标准。第 4 章给出了图书馆图书编码标识的数据元素要求、代码结构与编制要求，以及图书编码的 RFID 标识的 HF 和 UHF 标签标识。第 5 章给出了图书馆层架编码基本要求，规范了层架编码 RFID 的 HF 和 UHF 标签标识。第 6 章给出了图书馆读者证编码基本要求，规范了读者证编码 RFID 的 HF 和 UHF 标签标识。第 7 章给出了图书馆 RFID 标签外观、尺寸和材质、工作频率、空中接口及性能的技术要求，规范了 RFID 图书标签和层架标签的粘贴位置。第 8 章规范了图书馆 RFID 应用场景中对 RFID 应用系统构成、标签转换、盘点顺架、图书借还和门禁监测功能实现的要求。第 9 章给出了图书馆 RFID 标签及典型应用场景测

试方法，包括对测试环境温湿度要求、测试对象预处理、默认容差，描述了具体RFID标签测试方法和典型应用场景测试方法。

此外，本标准还另附3个规范性附录。其中，附录A界定了GS1全球统一标识系统的馆藏单件主标识符代码与RFID存储；附录B界定了GS1全球统一标识系统的层架代码与RFID存储；附录C界定了GS1全球统一标识系统的读者证代码与RFID存储。

【规范性引用文件】

GB/T 1988—1998　信息技术　信息交换用七位编码字符集

GB/T 2423.1—2008　电工电子产品环境试验　第1部分：试验方法　试验A：低温

GB/T 2423.2—2008　电工电子产品环境试验　第2部分：试验方法　试验B：高温

GB/T 7124　胶粘剂　拉伸剪切强度的测定（刚性材料对刚性材料）

GB 12904　商品条码　零售商品编码与条码表示

GB/T 14916　识别卡　物理特性

GB/T 14258　信息技术　自动识别与数据采集技术　条码符号印制质量的检验

GB/T 16830—2008　商品条码　储运包装商品与条码表示

GB/T 17554.1—2006　识别卡　测试方法　第1部分：一般特性测试

GB/T 17554.7—2010　识别卡　测试方法　第7部分：邻近式卡

GB/T 23704　二维条码符号印制质量的检验

GB/T 23832　商品条码　服务关系编码与条码表示

GB/T 23833　商品条码　资产编码与条码表示

GB/T 26228.1　信息技术　自动识别与数据采集技术　条码检测仪一致性规范　第1部分：一维条码

GB/T 29261.3　信息技术　自动识别和信息采集技术　词汇　第3部分：射频识别

GB/T 35660.1　信息与文献　图书馆射频识别（RFID）　第1部分：数据元素及实施通用指南

GB/T 35660.2　信息与文献　图书馆射频识别（RFID）　第2部分：基于ISO/IEC 15962规则的RFID数据元素编码

HG/T 2406—2014　通用型压敏胶标签

ISO/IEC 15426-2　信息技术　自动识别与数据采集技术　条码检测仪一致性规范　第2部分：二维条码（Information technology—Automatic identification and data capture techniques—Bar code verifier conformance specification—Part 2: Two-dimensional symbols）

ISO/IEC 18000-3　信息技术　用于物品管理的射频识别技术　第3部分：

在 13.56 MHz 通信的空中接口的参数（Information technology—Radio frequency identification for item management—Part 3：Parameters for air interface communications at 13.56 MHz）

ISO/IEC 18000-63　信息技术　用于物品管理的射频识别　第 63 部分：C 型 860 MHz～960 MHz 空中接口通信参数（Information technology—Radio frequency identification for item management—Part 63：Parameters for air interface communications at 860 MHz to 960 MHz Type C）

ISO/IEC 18046-3：2012　信息技术　射频识别装置性能测试方法　第 3 部分：标签性能测试方法（Information technology—Radio frequency identification device performance test methods—Part 3：Test methods for tag performance）

ISO/IEC TR 18047-3：2011　信息技术　射频识别装置一致性测试方法　第 3 部分：在 13.56 MHz 通信的空中接口的测试方法（Information technology—Radio frequency identification device conformance test methods—Part 3：Test methods for air interface communications at 13.56 MHz）

ISO/IEC 18047-6：2017　信息技术　射频识别设备一致性测试方法　第 6 部分：860 MHz～960 MHz 的空中接口通信的测试方法（Information technology—Radio frequency identification device conformance test methods—Part 6：Test methods for air interface communications at 860 MHz to 960 MHz）

ISO 28560-4　图书馆　射频识别　数据模型　第 4 部分：在内存可分区的 RFID 标签上基于 ISO/IEC 15962 规则进行数据单元编码[1]（Information and documentation—RFID in libraries—Part 4：Encoding of data elements based on rules from ISO/IEC 15962 in an RFID tag with partitioned memory）

【修订情况】

无

[1] 经核查，该规范性引用文件中文名称有误，此处应为：ISO/TS 28560-4：2014　信息与文献　图书馆 RFID　第 4 部分：基于 ISO/IEC 15962 带分区存储器的 RFID 标签数据编码方案——编者注

GB/T 39658—2020　公共图书馆读写障碍人士服务规范

【标 准 号】 GB/T 39658—2020

【标准名称】 公共图书馆读写障碍人士服务规范

【英文名称】 Specifications of public library service for persons with dyslexia

【标准类别】 管理标准

【采标情况】 无

【发布时间】 2020 - 12 - 14

【实施时间】 2020 - 12 - 14

【技术归口】 全国图书馆标准化技术委员会

【起草单位】 国家图书馆、黑龙江省图书馆、天津图书馆、安徽省图书馆

【起 草 人】 谢强、刘博涵、高文华、李培、林旭东、王文玲、刘小川、宫蛟飞、袁澍宇、董娜

【范　　围】

本标准规定了公共图书馆提供读写障碍服务的服务对象、服务资源、服务形式和服务要求。

本标准适用于规范全国各级公共图书馆在开展读写障碍人士的服务工作，各级残联、地方残疾人服务组织举办的图书馆和图书室可参照执行。

【主要内容】

本标准正文共包括 8 章，分别是：范围、规范性引用文件、术语和定义、总则、服务对象、服务资源、服务形式和服务要求。

其中，第 3 章界定了 3 个适用于本标准的术语及其规范定义。第 4 章提出了公共图书馆对读写障碍人士服务中应遵守提供专业服务、开展专业培训等总则内容。第 5 章提出了公共图书馆开展读写障碍人士服务的目标人群。第 6 章对公共图书馆为读写障碍人士提供服务所必备的服务空间、服务设施设备、服务文献、服务人员都提出了规范性要求。第 7 章界定了公共图书馆为读写障碍人士提供的基本服务和扩展服务的形式及内容。第 8 章规定了公共图书馆围绕读写障碍人士服务的媒体宣传、社会合作、网站建设的服务要求。

【规范性引用文件】

GB/T 10001.1　公共信息图形符号　第 1 部分：通用符号

GB/T 28220　公共图书馆服务规范

【修订情况】

无

GB/T 39910—2021 标准文献分类规则

【标 准 号】 GB/T 39910—2021

【标准名称】 标准文献分类规则

【英文名称】 Specification for classification of standard literature

【标准类别】 基础标准

【采标情况】 无

【发布时间】 2021-03-09

【实施时间】 2021-10-01

【技术归口】 全国科技平台标准化技术委员会

【起草单位】 中国标准化研究院、国家科技基础条件平台中心、广州市标准化研究院、深圳市标准技术研究院、上海市质量和标准化研究院

【起 草 人】 周洁、李爱仙、汪滨、程女范、王家振、李景、肖永舒、黄海、吕勇、周琼琼、李菁、许东惠

【范　　围】

本标准规定了标准文献分类的依据、分类的步骤和分类的规则。

本标准适用于标准文献的分类。

【主要内容】

本标准正文共包括 6 章，分别是：范围、规范性引用文件、术语和定义、分类依据、分类步骤、分类规则。

其中，第 3 章规范界定了通用标准、专用标准、主题对象、主题核心、主题面、标准类型和分面标识 7 个适用于本标准的术语及其定义。第 4 章给出了标准文献分类的主要依据可以是主题内容、主题对象或文献的适用范围，明确提出文献的形式、体裁、地区、国别、年代等不作为分类的依据。第 5 章规范了标准文献的分类步骤，包括文献主题分析、分类表查找、分类的确定三大步骤。第 6 章提出了标准文献分类的规则，包括：科学性、系统性、体系性、一致性及文献主题确定的一般原则，此外还可依据中国标准文献分类法分类规则或国际标准分类法分类规则，并分别给出了分类示例。

【规范性引用文件】

中国标准文献分类法

国际标准分类法

【修订情况】

无

GB/T 40670—2021　中医药学主题词表编制规则

【标 准 号】GB/T 40670—2021

【标准名称】中医药学主题词表编制规则

【英文名称】Guidelines for establishment and development of traditional Chinese medical thesauri

【标准类别】基础标准

【采标情况】无

【发布时间】2021-10-11

【实施时间】2021-10-11

【技术归口】全国中医标准化技术委员会

【起草单位】中国中医科学院中医药信息研究所、香港浸会大学中医药图书馆、中华中医药学会

【起 草 人】苏大明、范为宇、吴兰成、尹爱宁、李凤玲、刘静、张汝恩、储戟农、潘艳丽、郭宇博、苏祥飞

【范　　围】

本文件规定了中医药学主题词表编制中应遵循的原则、方法和要求，主要内容有词表的选词原则、体系结构、参照系统、主题词款目格式、主题词英译名、排序、主表、附表、索引、出版形式等。

本文件适用于中医药学主题词表的编制和修订工作。

【主要内容】

本文件正文共包括5章，分别是：范围、规范性引用文件、术语和定义、一般要求、具体要求。

其中，第3章界定了12个适用于编制中医药学主题词表的各术语的规范定义。第4章对中医药学主题词表体系结构提出了一般要求，包括序言、前言、使用说明、主表、树形结构表、副主题词表、附表和索引各部分；并提出中医药学主题词表应具有印刷版、电子版和网络版等多种载体形式。第5章对中医药学主题词表的编制选词与定词、主题词款目结构、字顺表、树形结构表、副主题词表、附表说明和索引方式给出了详细的规范要求。

此外，本文件还另附2个资料性附录。其中，附录A给出了词表字顺表的示例；附录B列出了主题词英文缩写规则，并给出示例。

【规范性引用文件】

无

【修订情况】

无

GB/T 40952—2021　公共图书馆听障人士服务规范

【标　准　号】GB/T 40952—2021

【标准名称】公共图书馆听障人士服务规范

【英文名称】Specification of public library services for the hearing impaired

【标准类别】管理标准

【采标情况】无

【发布时间】2021－11－01

【实施时间】2021－11－01

【技术归口】全国图书馆标准化技术委员会

【起草单位】国家图书馆、中国聋人协会、安徽省图书馆、黑龙江省图书馆、天津图书馆

【起　草　人】毛雅君、杨洋、梁钜霄、林旭东、高文华、李培、陈慧娜、樊桦、李蔚蔚、张大尧、刘群、李继红

【范　　围】

本文件规定了公共图书馆开展听障人士服务的总则、服务对象、服务资源、服务内容与形式、服务要求、服务宣传与推广、服务监督与评价。

本文件适用于县（区）级及以上公共图书馆，各地各级残疾人联合会、聋人协会等专门组织机构建立的图书馆等专门场所可参照执行。

【主要内容】

本文件正文共包括10章，分别是：范围、规范性引用文件、术语和定义、总则、服务对象、服务资源、服务内容与形式、服务要求、服务宣传与推广、服务监督与评价。

其中，第3章界定了公共图书馆在听障人士服务中涉及的设施设备的12个术语及其规范定义。第4章提出了公共图书馆在听障人士服务中遵循的平等服务、互助合作、主动服务等原则要求。第5章界定了公共图书馆的听障人士服务的对象人群。第6章对服务资源的配置、服务空间建设、设施设备配置、文献资源建设、人力资源的配置给出了细致规范要求。第7章规范了公共图书馆听障人士基本服务、流动服务、远程服务、拓展服务等服务形式的内容和要求。第8章提出了对听障人士服务的服务时间、服务告示、服务统计相关管理要求。第9章提出了宣传推广公共图书馆听障人士服务的方式和内容。第10章规范了公共图书馆对听障人士服务监督评价的方法，以及对服务满意度要求。

【规范性引用文件】

GB/T 13191　信息与文献　图书馆统计

GB/T 15565（所有部分）图形符号　术语

GB/T 15566（所有部分）公共信息导向系统　设置原则与要求

GB/T 20501（所有部分）公共信息导向系统　导向要素的设计原则与要求

GB/T 28220　公共图书馆服务规范

GB/T 31015　公共信息导向系统　基于无障碍需求的设计与设置原则

GB 50763　无障碍设计规范

YD/T 1761　网站设计无障碍技术要求

【修订情况】

无

GB/T 40987.1—2021 公共图书馆业务规范 第1部分：省级公共图书馆

【标 准 号】GB/T 40987.1—2021

【标准名称】公共图书馆业务规范 第1部分：省级公共图书馆

【英文名称】Public library professional work specifications—Part 1: Provincial public library

【标准类别】管理标准

【采标情况】无

【发布时间】2021-11-01

【实施时间】2021-11-01

【技术归口】全国图书馆标准化技术委员会

【起草单位】国家图书馆、湖北省图书馆、山东省图书馆

【起 草 人】汪东波、申晓娟、汤旭岩、李西宁、王天乐、王秀香、张若冰、严继东、刘元珺、马志立、吴金敦、陶嘉今、杜云虹、孙振东

【范　　围】

本文件确立了省级公共图书馆业务规范的总则，并规定了文献采集，文献组织，文献保存、保护与修复，读者服务，信息化建设，协作协调，业务管理与研究的基本规范。

本文件适用于规范省级公共图书馆主要业务工作的内容和质量，计划单列市、副省级城市公共图书馆业务工作可参照执行。

【主要内容】

本文件正文共包括11章，分别是：范围，规范性引用文件，术语和定义，总则，文献采集，文献组织，文献保存、保护与修复，读者服务，信息化建设，协作协调，业务管理与研究。

其中，第3章对本文件涉及图书馆各项业务的40个术语给出规范定义。第4章界定了省级公共图书馆的业务工作核心范畴，并阐释了本文件在内容结构上分别通过“工作内容”和“质量要求”对业务工作予以规范。第5章对“文献采集”的各环节工作内容及质量提出要求。第6章对“文献组织”的各环节工作内容及质量提出要求。第7章对“文献保存、保护与修复”的各环节工作内容及质量提出要求。第8章对“读者服务”的制度建设、读者管理、文献借阅服务、信息检索服务、参考咨询服务、立法决策服务、社会教育服务、数字资源服务、政府公开信息服务、地方文献服务、文献开发、特殊群体服务和流动与自助服务等各工

作内容及质量提出要求。第 9 章对省级公共图书馆信息化建设的管理制度、基础设施建设、软件系统建设、系统运行与维护、网络安全与信息安全的工作内容与质量要求。第 10 章对省级公共图书馆在开展协作协调、推进区域图书馆服务体系建设、业务指导、业务合作、学会及协会工作、社会合作等工作的内容规范和质量要求。第 11 章对省级公共图书馆的业务管理与研究中开展的业务管理制度建设、业务规划与计划、业务考核与评估、业务研究、业务培训、业务数据统计、业务档案管理及标识管理工作的内容予以规范，并提出质量要求。

此外，本文件还附 1 个资料性附录 A，给出了省级公共图书馆业务指标体系表。

【规范性引用文件】

GB/T 3792.2　普通图书著录规则

GB/T 3792.3　文献著录　第 3 部分：连续性资源

GB/T 3792.4　文献著录　第 4 部分：非书资料

GB/T 3792.6　测绘制图资料著录规则

GB/T 3792.7　古籍著录规则

GB/T 3792.9　文献著录　第 9 部分：电子资源

GB/T 3860　文献主题标引规则

GB/T 6159.5　缩微摄影技术　词汇　第 5 部分：影像的质量、可读性和检查

GB 18030　信息技术　中文编码字符集

GB/T 21712　古籍修复技术规范与质量要求

GB/T 22239　信息安全技术　网络安全等级保护基本要求

GB/T 25100　信息与文献　都柏林核心元数据元素集

GB/T 27702　信息与文献　信息检索（Z39.50）应用服务定义和协议规范

GB/T 27703　信息与文献　图书馆和档案馆的文献保存要求

GB/T 28220　公共图书馆服务规范

GB/Z 28828　信息安全技术　公共及商用服务信息系统个人信息保护指南

GB/T 30227　图书馆古籍书库基本要求

GB/T 31219.2　图书馆馆藏资源数字化加工规范　第 2 部分：文本资源

GB/T 31219.3　图书馆馆藏资源数字化加工规范　第 3 部分：图像资源

GB/T 31219.4　图书馆馆藏资源数字化加工规范　第 4 部分：音频资源

GB/T 31219.5　图书馆馆藏资源数字化加工规范　第 5 部分：视频资源

GB/T 32003　科技查新技术规范

GB/T 33286　中国机读书目格式

GB/T 35660（所有部分）信息与文献　图书馆射频识别（RFID）

GB/T 36719　图书馆视障人士服务规范

GB/T 36720　公共图书馆少年儿童服务规范

GB/T 39658　公共图书馆读写障碍人士服务规范
GB 50174　数据中心设计规范
GB 50462　数据中心基础设施施工及验收规范
JGJ 38　图书馆建筑设计规范
WH/T 21　古籍普查规范
WH/T 22　古籍特藏破损定级标准
WH/T 47　图书馆数字资源统计规范
WH/T 50　网络资源元数据规范
WH/T 71　图书馆参考咨询服务规范
WH/T 74　图书馆行业条码
WH/T 76　流动图书车车载装置通用技术条件
建标 108　公共图书馆建设标准
ISO 2709　信息和文献　信息交换格式（Information and documentation—Format for information exchange）

【修订情况】

无

GB/T 40987.2—2021 公共图书馆业务规范 第 2 部分：市级公共图书馆

【标 准 号】GB/T 40987.2—2021

【标准名称】公共图书馆业务规范 第 2 部分：市级公共图书馆

【英文名称】Public library professional work specifications—Part 2：Municipal public library

【标准类别】管理标准

【采标情况】无

【发布时间】2021 - 11 - 01

【实施时间】2021 - 11 - 01

【技术归口】全国图书馆标准化技术委员会

【起草单位】上海图书馆（上海科学技术情报研究所）、东莞图书馆、嘉兴市图书馆、国家图书馆

【起 草 人】周德明、金玉萍、李东来、沈红梅、徐强、黄显功、张奇、冯玲、孙云倩、李丹

【范　　围】

本文件确立了市级公共图书馆业务规范的总则，并规定了文献采集，文献组织，文献保存、保护与修复，读者服务，信息化建设，协作协调，业务管理与研究的基本规范。

本文件主要用于规范市级公共图书馆主要业务工作的内容和质量。

【主要内容】

本文件正文共包括 11 章，分别是：范围，规范性引用文件，术语和定义，总则，文献采集，文献组织，文献保存、保护与修复，读者服务，信息化建设，协作协调，业务管理与研究。

其中，第 3 章对市级公共图书馆给出规范界定，并提出 GB/T 40987.1 界定的有关公共图书馆各项业务的 40 个术语和定义适用于本文件。第 4 章界定了市级公共图书馆的业务工作核心范畴，并阐释了本文件在内容结构上分别通过“工作内容”和“质量要求”对业务工作予以规范。第 5 章对市级公共图书馆“文献采集”中制度建设、采集方式、采集对象工作内容及质量提出要求。第 6 章对市级公共图书馆在“文献组织”工作中制度建设、文献编目、文献加工、资源整合工作的内容及质量提出要求。第 7 章对市级公共图书馆在文献保存、保护与修复的制度建设，文献保存、文献保护与修复工作的内容及质量提出要求。第 8 章对读

者服务制度建设、读者管理、文献借阅服务、信息检索服务、参考咨询服务、立法和决策服务、社会教育服务、数字资源服务、政府公开信息服务、地方文献服务、特殊群体服务、流动与自助服务等各工作内容及质量提出要求。第 9 章对市级公共图书馆信息化建设的管理制度、基础设施建设、软件系统建设、系统运行与维护、网络安全与信息安全的工作内容与质量提出要求。第 10 章对市级公共图书馆在开展市级图书馆服务体系建设、业务指导、业务合作、学会工作、社会合作等工作的内容规范和质量提出要求。第 11 章对市级公共图书馆的业务管理与研究中开展的业务管理制度建设、业务规划与计划、业务考核与评估、业务研究、业务培训、业务数据统计、业务档案管理及标识管理工作的内容予以规范，并提出质量要求。

此外，本文件还附 1 个资料性附录 A，给出了市级公共图书馆业务指标体系表。

【规范性引用文件】

GB/T 3792.2　普通图书著录规则

GB/T 3792.3　文献著录　第 3 部分：连续性资源

GB/T 3792.4　文献著录　第 4 部分：非书资料

GB/T 3792.7　古籍著录规则

GB/T 3792.9　文献著录　第 9 部分：电子资源

GB/T 3860　文献主题标引规则

GB 18030　信息技术　中文编码字符集

GB/T 21712　古籍修复技术规范与质量要求

GB/T 22239　信息安全技术　网络安全等级保护基本要求

GB/T 27702　信息与文献　信息检索（Z39.50）应用服务定义和协议规范

GB/T 27703　信息与文献　图书馆和档案馆的文献保存要求

GB/T 28220　公共图书馆服务规范

GB/Z 28828　信息安全技术　公共及商用服务信息系统个人信息保护指南

GB/T 30227　图书馆古籍书库基本要求

GB/T 31219.2　图书馆馆藏资源数字化加工规范　第 2 部分：文本资源

GB/T 31219.3　图书馆馆藏资源数字化加工规范　第 3 部分：图像资源

GB/T 31219.4　图书馆馆藏资源数字化加工规范　第 4 部分：音频资源

GB/T 31219.5　图书馆馆藏资源数字化加工规范　第 5 部分：视频资源

GB/T 33286　中国机读书目格式

GB/T 35660（所有部分）信息与文献　图书馆射频识别（RFID）

GB/T 36719　图书馆视障人士服务规范

GB/T 36720　公共图书馆少年儿童服务规范

GB/T 39658　公共图书馆读写障碍人士服务规范

GB/T 40987.1　公共图书馆业务规范　第1部分：省级公共图书馆

GB 50174　数据中心设计规范

GB 50462　数据中心基础设施施工及验收规范

JGJ 38　图书馆建筑设计规范

WH/T 21　古籍普查规范

WH/T 22　古籍特藏破损定级标准

WH/T 47　图书馆数字资源统计规范

WH/T 71　图书馆参考咨询服务规范

WH/T 74　图书馆行业条码

WH/T 76　流动图书车车载装置通用技术条件

建标 108　公共图书馆建设标准

ISO 2709　信息和文献　信息交换格式（Information and documentation—Format for information exchange）

【修订情况】

无

GB/T 40987.3—2021　公共图书馆业务规范　第3部分：县级公共图书馆

【标 准 号】GB/T 40987.3—2021

【标准名称】公共图书馆业务规范　第3部分：县级公共图书馆

【英文名称】Public library professional work specifications—Part 3：County public library

【标准类别】管理标准

【采标情况】无

【发布时间】2021-11-01

【实施时间】2021-11-01

【技术归口】全国图书馆标准化技术委员会

【起草单位】首都图书馆、深圳图书馆、国家图书馆、天津市和平区图书馆、天津图书馆

【起 草 人】邓菊英、张岩、王林、张娟、陈人语、余胜英、贾蔷、胡洁、李金玲、杨卫红、许芳敏

【范　　围】

本文件确立了县级公共图书馆业务规范的总则，并规定了文献采集，文献组织，文献保存、保护与修复，读者服务，信息化建设，协作协调，业务管理与研究的基本规范。

本文件适用于规范县级公共图书馆（包括实行总分馆制的县级公共图书馆）主要业务工作的内容和质量，其他同级行政单位或规模相似的图书馆可参照执行。

【主要内容】

本文件正文共包括11章，分别是：范围，规范性引用文件，术语和定义，总则，文献采集，文献组织，文献保存、保护与修复，读者服务，信息化建设，协作协调，业务管理与研究。

其中，第3章本文件对县级公共图书馆、县级图书馆总分馆制给出规范界定，并提出GB/T 40987.1界定的有关公共图书馆各项业务的40个术语和定义适用于本文件。第4章界定了县级公共图书馆的业务工作核心范畴，并阐释了本文件在内容结构上分别通过“工作内容”和“质量要求”对业务工作予以规范。第5章对县级公共图书馆“文献采集”中制度建设、采集方式、采集对象工作内容及质量提出要求。第6章对县级公共图书馆在“文献组织”工作中制度建设、文献编目、文献加工的内容及质量提出要求。第7章对县级公共图书馆在文献保存、保

护与修复的制度建设，文献保存、文献保护与修复工作的内容及质量提出要求。第 8 章对读者服务制度建设、读者管理、文献借阅服务、信息检索服务、参考咨询服务、社会教育服务、数字资源服务、政府公开信息服务、地方文献服务、特殊群体服务和流动与自助服务等各工作内容及质量提出要求。第 9 章对县级公共图书馆信息化建设的管理制度、基础设施建设、软件系统建设、系统运行与维护、网络安全与信息安全的工作内容与质量提出要求。第 10 章对县级公共图书馆在开展协作协调、推进区域图书馆服务体系建设、业务指导、业务合作、社会合作等工作的内容规范和质量提出要求。第 11 章对县级公共图书馆的业务管理与研究中开展的业务管理制度建设、业务规划与计划、业务考核与评估、业务研究、业务培训、业务数据统计、业务档案管理及标识管理工作的内容予以规范，并提出质量要求。

此外，本文件还附 1 个资料性附录 A，列表给出了县级公共图书馆业务指标体系内容。

【规范性引用文件】

GB/T 3792.2　普通图书著录规则

GB/T 3792.3　文献著录　第 3 部分：连续性资源

GB/T 3792.4　文献著录　第 4 部分：非书资料

GB/T 3860　文献主题标引规则

GB 18030　信息技术　中文编码字符集

GB/T 22239　信息安全技术　网络安全等级保护基本要求

GB/T 27702　信息与文献　信息检索（Z39.50）应用服务定义和协议规范

GB/T 27703　信息与文献　图书馆和档案馆的文献保存要求

GB/T 28220　公共图书馆服务规范

GB/Z 28828　信息安全技术　公共及商用服务信息系统个人信息保护指南

GB/T 30227　图书馆古籍书库基本要求

GB/T 31219.2　图书馆馆藏资源数字化加工规范　第 2 部分：文本资源

GB/T 31219.3　图书馆馆藏资源数字化加工规范　第 3 部分：图像资源

GB/T 31219.4　图书馆馆藏资源数字化加工规范　第 4 部分：音频资源

GB/T 31219.5　图书馆馆藏资源数字化加工规范　第 5 部分：视频资源

GB/T 33286　中国机读书目格式

GB/T 35660（所有部分）信息与文献　图书馆射频识别（RFID）

GB/T 36719　图书馆视障人士服务规范

GB/T 36720　公共图书馆少年儿童服务规范

GB/T 39658　公共图书馆读写障碍人士服务规范

GB/T 40987.1　公共图书馆业务规范　第 1 部分：省级公共图书馆

GB/T 40987.2　公共图书馆业务规范　第 2 部分：市级公共图书馆

GB 50174　数据中心设计规范

GB 50462　数据中心基础设施施工及验收规范

JGJ 38　图书馆建筑设计规范

WH/T 22　古籍特藏破损定级标准

WH/T 47　图书馆数字资源统计规范

WH/T 71　图书馆参考咨询服务规范

WH/T 74　图书馆行业条码

WH/T 76　流动图书馆车车载装置通用技术条件

建标 108　公共图书馆建设标准

ISO 2709　信息和文献　信息交换格式（Information and documentation—Format for information exchange）

【修订情况】

无

GB/T 41210—2021　学位论文内容索引编制规则

【标 准 号】 GB/T 41210—2021

【标准名称】 学位论文内容索引编制规则

【英文名称】 Guideline for establishment of indexes of theses

【标准类别】 其他标准

【采标情况】 无

【发布时间】 2021 - 12 - 31

【实施时间】 2022 - 07 - 01

【技术归口】 全国信息与文献标准化技术委员会

【起草单位】 中国索引学会、常熟理工学院、复旦大学、北京印刷学院、佛山科学技术学院、国防大学政治学院、中国人民大学、浙江大学医学院附属第一医院

【起 草 人】 王雅戈、杨光辉、温国强、王延祥、衡中青、王兰成、薛春香、褚峻、李炜超、王夏、杨雪珂、孙涵涵

【范　　围】

本文件规定了学位论文内容索引的编制规则，包括学位论文内容索引的功用、构成、标引、排序和累积汇编、计算机编制与电子索引及质量控制。

本文件适用于作者为其学位论文编制索引，也适用于有资质的索引编制者和文献加工服务机构为已发表的学位论文编制索引。

【主要内容】

本文件正文共包括 9 章，分别是：范围、规范性引用文件、术语和定义、学位论文内容索引的功用、学位论文内容索引的构成、学位论文内容索引的标引、学位论文内容索引的排序和累积汇编、学位论文内容索引的计算机辅助编制与电子索引、学位论文内容索引的质量控制。

其中，第 4 章提出了学位论文内容索引具备的揭示论文内容、建设论文信息、改进论文质量和辅助学术研究的功用。第 5 章规范了学位论文内容索引的构成部分：编制说明、索引款目以及参照，款目由标目、注释、出处及附文组成，并分别给出了示例说明。第 6 章规定了学位论文内容索引的标引范围、标引深度，分别对主题标引、专有名词标引、图表标引制定详细的编制要求，并给出示例。第 7 章规定了学位论文内容索引排序和累积汇编的编写要求，并给出示例。第 8 章提出了计算机辅助编制学位论文索引和电子索引的类型及步骤。第 9 章提出了对学位论文内容索引质量核查的要求，以确保索引质量。

【规范性引用文件】

GB/T 22466—2008　索引编制规则（总则）

【修订情况】

无

GB/T 42107—2022 国家科技重大专项文件归档与档案管理规范

【标 准 号】 GB/T 42107—2022

【标准名称】 国家科技重大专项文件归档与档案管理规范

【英文名称】 Specification on documents archiving and records management of national science and technology major project

【标准类别】 基础标准

【采标情况】 无

【发布时间】 2022 - 12 - 30

【实施时间】 2023 - 07 - 01

【技术归口】 全国信息与文献标准化技术委员会

【起草单位】 中华人民共和国科学技术部、中国科学技术信息研究所、国家档案局、中国科学院文献情报中心、中核战略规划研究总院有限公司

【起 草 人】 曾建勋、丁德胜、崔文健、李啸、屠跃明、乔书荣、曾维维

【范　　围】

本文件提出了国家科技重大专项文件归档与档案管理的基本要求和方法，规定了国家科技重大专项文件的归档范围和质量要求，以及文件形成、收集、整理、鉴定、归档与保管、移交、利用及处置等全过程的管理要求。

本文件适用于国家科技重大专项各种类型文件的整理、归档与档案管理。其他中央财政科技计划（专项、基金等）项目（课题）文件的整理、归档与档案管理可参照执行。

【主要内容】

本文件正文共包括 14 章，分别是：范围、规范性引用文件、术语和定义、基本要求、管理层级和管理职责、重大专项文件的归档范围、重大专项文件收集、重大专项文件整理、重大专项归档与档案编目、重大专项档案保管、档案鉴定与审查、重大专项档案的验收、重大专项档案的移交、重大专项档案的利用和开发。

其中，第 4 章提出了重大专项文件的归档管理工作原则、重大专项管理的阶段划分及内容范围。第 5 章提出了重大专项的管理层级划分，并规定了不同级别机构、岗位人员对应的主要职责。第 6 章界定了重大专项文件的各阶段的归档范围，提出了电子文件及其元数据的归档范围。第 7 章规定了重大专项文件的分类、对应的收集要求及范围，以及文件的审查或鉴定管理要求。第 8 章提出了重大专项文件的整理单元，并对纸质文件整理基本原则和结构、分类、排序、组卷、装

盒、编制卷内目录、卷内备考表、案卷封面、项目案排列以及电子文件的整理要求、结构要求、文件组织、目录组织、归档载体制作等制定规范要求。第 9 章提出了重大专项归档的基本要求，并制定了详细的归档文件质量要求，明确了归档时间要求和档案编目的要求。第 10 章提出了重大专项档案的保管要求、保管环境要求及应符合的现行标准、检查维护的管理要求。第 11 章给出了重大专项档案的鉴定与审查要求。第 12 章规范了重大专项档案的验收要求、验收条件、验收内容、验收流程。第 13 章提出了重大专项档案移交的要求、移交手续。第 14 章规范了重大专项档案的利用和开发要求。

此外，本文件还另附 4 个规范性附录和 1 个资料性附录。在规范性附录中，附录 A 规范了重大专项文件归档的范围；附录 B 规定了文件类目号的编制规则；附录 C 规定了重大专项文件整理用的表格规范格式；附录 D 规定了重大专项档案管理用的表格规范格式。附录 E 为资料性附录，给出了重大专项档案移交清单及档案案卷汇总表。

【规范性引用文件】

GB/T 7156　文献保密等级代码与标识

GB/T 10609.3　技术制图　复制图的折叠方法

GB/T 11821　照片档案管理规范

GB/T 11822　科学技术档案案卷构成的一般要求

GB/T 18894　电子文件归档与电子档案管理规范

DA/T 13　档号编制规则

DA/T 15　磁体载体档案管理与保护规范

DA/T 22　归档文件整理规则

DA/T 32　公务电子邮件归档与管理规则

DA/T 18　档案著录规则

DA/T 50　数码照片归档与管理规范

JGJ 25　档案馆建筑设计规范

【修订情况】

无

GB/T 42108—2022 信息与文献 组织机构元数据

【标 准 号】GB/T 42108—2022

【标准名称】信息与文献 组织机构元数据

【英文名称】Information and documentation—organization metadata

【标准类别】基础标准

【采标情况】无

【发布时间】2022-12-30

【实施时间】2023-07-01

【技术归口】全国信息与文献标准化技术委员会

【起草单位】中国人民大学、中国科学技术信息研究所

【起 草 人】贾君枝、曾建勋、赵捷

【范 围】

本文件确立了组织机构的3个核心元素类，包括机构、事件、个人，描述了机构标识符、名称、曾用名称、简称、其他名称、类型、部门、职位、时间、位置、评论、描述12个基本属性，通过属性元素成员、上级机构、下属机构、替代、事件，表述了机构与人、机构与机构、机构与事件的语义关系。

本文件适用于各种类型文献机构涉及机构信息的各种信息资源类型，不提供具体实施指南。

【主要内容】

本文件正文共包括4章，分别是：范围、规范性引用文件、术语和定义、元素集。

其中，第3章界定了“组织机构”等适用于文件的3个术语及其规范定义。第4章建立了组织机构元数据集，定义了各个元素及其元素之间的关系。

此外，本文件还另附2个资料性附录。其中，附录A给出了组织机构元数据与Schema.org的对应关系；附录B提供了组织机构元数据的XML/RDF描述。

【规范性引用文件】

无

【修订情况】

无

GB/T 42211—2022　糟朽、脆弱报纸或期刊棉网修复加固方法

【标 准 号】 GB/T 42211—2022

【标准名称】 糟朽、脆弱报纸或期刊棉网修复加固方法

【英文名称】 Reinforcement method for the cotton net consolidation of decayed, fragile newspaper or periodical

【标准类别】 方法标准

【采标情况】 无

【发布时间】 2022－12－30

【实施时间】 2023－07－01

【技术归口】 全国信息与文献标准化技术委员会

【起草单位】 陕西师范大学、中央档案馆、中国第一历史档案馆、中国第二历史档案馆、陕西省档案馆

【起 草 人】 李玉虎、刘姣姣、黄丽华、邵金耀、胡道道、赵鹏、齐银卿、邢惠萍、晁小练、单晓娟

【范　　围】

本文件规定了对糟朽、脆弱报纸或期刊棉网修复加固的技术方法。

本文件适用于糟朽、脆弱报纸或期刊抢救修复与加固，也适用于其他双面字档案修复与加固。

【主要内容】

本文件正文共包括 9 章，分别是：范围，规范性引用文件，术语和定义，原理，修复加固原则，试剂与材料，加固棉网的制备方法，糟朽、脆弱报纸或期刊棉网加固方法，质量要求。

其中，第 3 章提出 GB/T 4894—2009 和 GB/T 32004—2015 以及本文件界定的 8 个术语和定义适用于本文件。第 4 章提出了基于棉网材质和脱酸的性能进行加固的原理。第 5 章提出了修复加固的原则要求：拼接复原、恢复强度、可逆性、兼容性、保持原貌、增强耐久性。第 6 章规定了试剂与材料的指标要求。第 7 章给出了加固棉网的制备方法。第 8 章给出了糟朽、脆弱报纸或期刊棉网加固的方法，规定了修复加固步骤要求。第 9 章提出了修复加固对酸度、力学强度、色差和清晰程度的质量要求。

本文件还另附 1 个规范性附录 A，规定了加固棉网的制备方法和要求。

此外，本文件与 2 个专利有关，分别是：

专利号：ZL201410174645.7　一种环保、低成本棉纤维丝网加固脆弱纸张的方法；

专利号：ZL201320542680.0　一种用于纸张丝网加固的展平固定台；

专利持有人：陕西师范大学。

【规范性引用文件】

GB/T 1914—2017　化学分析滤纸

GB/T 4894—2009　信息与文献　术语

GB/T 6682—2008　分析实验室用水规格和试验方法

GB/T 13528—2015　纸和纸板　表面 pH 的测定

GB/T 32004—2015　信息与文献　纸张上书写、打印和复印字迹的耐久性和耐用性　要求与测试方法

【修订情况】

无

GB/Z 42215—2022　文档管理　影响缩微胶片冲洗机的环境与工作场所安全规则

【标 准 号】GB/Z 42215—2022

【标准名称】文档管理　影响缩微胶片冲洗机的环境与工作场所安全规则

【英文名称】Document management—Environmental and work place safety regulations affecting microfilm processors

【标准类别】安全标准

【采标情况】ISO/TR 18159：2015，MOD

【发布时间】2022－12－30

【实施时间】2023－07－01

【技术归口】全国文献影像技术标准化技术委员会

【起草单位】北京京仪电影机械设备有限公司

【起 草 人】张颖、李冬梅、白雨龙、郝莹、徐红梅、李铭

【范　　围】

本文件提供了可能影响缩微胶片冲洗单位的环境法律法规的信息。这些法律法规控制下列缩微胶片处理工作：

——废水的存储和处置；

——有害废物的存储和处置，员工安全培训；

——有关有害事件的公开通报。

本文件适用于缩微胶片冲洗技术的相关机构。

【主要内容】

本文件正文共包括 24 章，分别是：范围、规范性引用文件、术语和定义、国际标准产业分类、废水预处理要求、排放标准、利用化粪池和沥滤场处理缩微胶片处理废水、工业废水排放许可证、胶片处理废水特征、废水采样、对分析样本的处理、预防污染、稀释（均衡）、银回收、商业废物处置服务、目前环境和工作场所安全法规中影响缩微胶片冲洗单位的问题、胶片处理产生的危险废物、容器的储存要求和标签、应急预案和程序、地面处置准则、雨水管理条例、空气污染的考虑因素、缩微胶片处理区通风的一般准则、胶片处理空气排放的规定。

其中，第 3 章界定了适用于本文件的 25 个术语及其规范性定义表述。第 4 章界定了缩微胶片处理所属的国际标准产业分类：M7420 类——摄影活动。第 5 章提出了对缩微胶片冲洗废水排放的指导方针，直接向受纳水体排放废水的银含量受法规限制。第 6 章指出单位的废水排放需要获得监管机构的许可，水质标准要

求比污水排放法规更加严格。第 7 章指出冲洗废水的排放单位如使用化粪池/沥滤场系统或喷灌系统排放污水，宜先了解受纳水体系统排放是否有相应的限制。第 8 章给出了工业废水排放需获得许可证，并列表给出了典型的工业废水排放限额。第 9 章给出了在不同缩微胶片冲洗单位，胶片冲洗废水的成分因不同处理方法和操作差异而不同，并列表给出了常规冲洗流程废水的一般特征和常规深槽式缩微胶片处理流程的补充速率。第 10 章对冲洗废水采样的设计取样方案，以及不同采样的技术方法给出了介绍。第 11 章给出了样本处理的材料和样本保存方式指导。第 12 章给出了缩微胶片处理废水中的化学物质的控制技术指导及管理建议。第 13 章给出了对缩微胶片处理废水的均衡稀释方法的建议。第 14 章提出了缩微胶片处理中银的回收、提纯和再利用的依据，并给出 4 种常见的银回收技术方法。第 15 章为单位外处理胶片废水提供了可采用商业废物处置清理公司、小用户废物处置服务的方案，并给出了找到当地废物处置服务公司名单的方法。第 16 章指出目前环境和工作场所安全法规中影响缩微胶片冲洗单位的问题。第 17 章提出胶片处理产生的危险废物类型，并给出了达到危险废物级别的具体指标。第 18 章要求危险废物产生单位处理、储存、处置或提供运输的危险废物应具有可识别号码标签，并规定了危险废物标签宜注明的内容。第 19 章要求每个设施都应有应急预案，并委任一名一天 24h 在现场或随叫随到的应急协调员，给出了应急预案副本须提交的机构名单。第 20 章规定了废物产生单位进行地面处置的准则。第 21 章提出缩微胶片冲洗单位与雨水管理条例的相关性。第 22 章给出了空气污染中被列为污染物且已制定标准的污染物类型，还对部分缩微胶片处理可能产生刺激性蒸汽或气体类型及处理方式给出指导。第 23 章提出了缩微胶片处理区通风的一般准则，给出了一般通风指南，并提出一些相应的安全管理要求。第 24 章对是否需要获得胶片处理空气排放许可证给出提示。

【规范性引用文件】

无

【修订情况】

无

GB/T 42309—2023 修复过程中易损毁类纸质档案加固方法

【标 准 号】GB/T 42309—2023

【标准名称】修复过程中易损毁类纸质档案加固方法

【英文名称】Consolidation methods for easily damaged paper - based archives in the process of restoration

【标准类别】方法标准

【采标情况】无

【发布时间】2023 - 03 - 17

【实施时间】2023 - 10 - 01

【技术归口】全国信息与文献标准化技术委员会

【起草单位】陕西师范大学、中央档案馆、中国第一历史档案馆、中国第二历史档案馆、陕西省档案馆

【起 草 人】李玉虎、邢惠萍、黄丽华、邵金耀、胡道道、赵鹏、齐银卿、晁小练、单晓娟、周亚军

【范　　围】

本文件描述了在纸质档案修复过程中防止水溶性字迹洇化、防止糟朽纸张丧失湿强度而损毁、防止颜料字迹与墨书字迹脱落的加固方法。

本文件适用于纸质档案的修复保护，也适用于古籍、手稿、书法、绘画等的修复保护。

【主要内容】

本文件正文共包括 9 章，分别是：范围、规范性引用文件、术语和定义、纸质档案加固原则、基本原理、试剂或材料、纸质档案水溶性字迹防洇化加固、纸质档案糟朽纸张加固、纸质档案易脱落颜料字迹与墨书字迹加固。

其中，第 4 章给出了纸质档案加固原则：保持档案原貌、不影响档案长期保存和寿命、保持档案纸张亲水性、不影响修复操作。第 5 章描述了纸质档案水溶性字迹防洇化加固原理、糟朽纸张加固原理和纸质档案易脱落颜料与墨书字迹加固原理。第 6 章规定了试剂或材料的指标要求。第 7 章规范了纸质档案水溶性字迹防洇化加固的流程、耐水性测试、加固剂组成要求、字迹加固工艺以及加固后档案修复操作要求。第 8 章规范了纸质档案糟朽纸张加固的流程、加固剂组成要求、规范了加固工艺和对加固后档案修复操作要求。第 9 章规范了纸质档案易脱落颜料字迹与墨书字迹加固流程、颜料字迹与墨书字迹耐水性测试要求，给出了

易脱落颜料字迹与墨书字迹加固剂组成和制备方法，给出了字迹加固工艺要求和加固后档案修复的要求。

此外，本文件还另附 1 个规范性附录 A，给出了水溶性字迹加固剂、糟朽纸张加固剂和易脱落颜料字迹与墨书字迹加固剂的制备方法。

此外，本文件与 3 个专利有关，分别是：

专利号：ZL201110178281.6　书写档案染料字迹保护剂；

专利号：ZL201510315003.9　一种用于增加纸张湿强度的保护液；

专利号：ZL201310044574.4　ZB－F600 双组分 FEVE 水性氟树脂在丝织及纸质文物字迹和绘画修复中的应用；

专利持有人：陕西师范大学。

【规范性引用文件】

GB/T 6682—2008　分析实验室用水规格和试验方法

GB/T 32004—2015　信息与文献　纸张上书写、打印和复印字迹的耐久性和耐用性　要求与测试方法

DA/T 25—2022　档案修裱技术规范

DA/T 64.3—2017　纸质档案抢救与修复规范　第 3 部分：修复质量要求

DA/Z 64.4—2018　纸质档案抢救与修复规范　第 4 部分：修复操作指南

【修订情况】

无

GB/T 42468.1—2023 纸质档案抢救与修复规范 第1部分：破损等级的划分

【标 准 号】GB/T 42468.1—2023

【标准名称】纸质档案抢救与修复规范 第1部分：破损等级的划分

【英文名称】Specifications for rescue and restoration of paper archives—Part 1: Grading of damage

【标准类别】管理标准

【采标情况】无

【发布时间】2023-03-17

【实施时间】2023-10-01

【技术归口】国家档案局

【起草单位】中国人民大学、中央档案馆（国家档案局）

【起 草 人】张美芳、黄丽华、宋欣、李冰、王亚亚、于晨、蔡梦玲、曹佳妮、赵鹏、徐家泉、刘伟民、秦睿

【范　　围】

本文件规定了纸质档案破损的等级和定级指标。

本文件适用于各级各类档案馆及其他纸质档案保存机构对纸质档案破损等级的定级。

【主要内容】

本文件正文共包括4章，分别是：范围、规范性引用文件、术语和定义、破损等级的划分。

其中，第3章明确了GB/T 32004、GB/Z 42468.4、DA/T 61、WH/T 22中界定的，以及本章中界定的多个术语和定义适用于本文件。第4章对纸质档案的破损分为特残破损、严重破损、中度破损和轻度破损，并分别给出了对应在纸张酸化、机械强度、霉变面积、虫害面积、污染面积、残缺面积、粘连面积、裂口面积、字迹洇化及档案纸张老化、装订破损等方面的区分指标要求。

【规范性引用文件】

GB/T 32004 信息与文献 纸张上书写、打印和复印字迹的耐久性和耐用性要求与测试方法

GB/Z 42468.4 纸质档案抢救与修复规范 第4部分：修复操作指南

DA/T 61　明清纸质档案病害分类与图示

WH/T 22　古籍特藏破损定级标准

【修订情况】

无

GB/T 42468.2—2023　纸质档案抢救与修复规范 第 2 部分：档案保存状况的调查

【标 准 号】GB/T 42468.2—2023

【标准名称】纸质档案抢救与修复规范　第 2 部分：档案保存状况的调查

【英文名称】Specifications for rescue and restoration of paper archives—Part 2: Surveys of preservation conditions

【标准类别】管理标准

【采标情况】无

【发布时间】2023-03-17

【实施时间】2023-10-01

【技术归口】国家档案局

【起草单位】中国人民大学、中央档案馆（国家档案局）

【起 草 人】张美芳、黄丽华、于晨、李冰、宋欣、王亚亚、曹佳妮、赵鹏、徐家泉、刘伟民、秦睿

【范　　围】

本文件规定了纸质档案保存状况的调查内容与方法。

本文件适用于各级各类档案馆及其他纸质档案保存机构对纸质档案保存状况的调查。

【主要内容】

本文件正文共包括 5 章，分别是：范围、规范性引用文件、术语和定义、档案保存状况的调查、调查方法。

其中，第 3 章明确了 GB/T 42468.1、GB/T 42468.3、DA/T 1、DA/T 61、WW/T 0026 中界定的，以及本章中界定的多个术语和定义适用于本文件。第 4 章给出了档案实体保存现状调查内容和档案基本信息及档案外观调查表格式，档案保管条件内容和档案保管条件调查表，档案抢救保护大事记内容和档案灾害及突发事件大事记表。第 5 章规范了纸质档案保存状况的普查、抽样调查和重点调查的方法，并给出了抽样调查样本量的抽取比例要求。

【规范性引用文件】

GB/T 42468.1　纸质档案抢救与修复规范　第 1 部分：破损等级的划分

GB/T 42468.3　纸质档案抢救与修复规范　第 3 部分：修复质量要求

DA/T 1　档案工作基本术语

DA/T 61　明清纸质档案病害分类与图示

WW/T 0026　馆藏纸质文物病害分类与图示

【修订情况】

无

GB/T 42468.3—2023　纸质档案抢救与修复规范 第 3 部分：修复质量要求

【标 准 号】GB/T 42468.3—2023

【标准名称】纸质档案抢救与修复规范　第 3 部分：修复质量要求

【英文名称】Specifications for rescue and restoration of paper archives—Part 3: Quality requirements for restoration

【标准类别】管理标准

【采标情况】无

【发布时间】2023 - 03 - 17

【实施时间】2023 - 10 - 01

【技术归口】国家档案局

【起草单位】中国人民大学、中央档案馆（国家档案局）

【起 草 人】张美芳、黄丽华、王亚亚、于晨、李冰、宋欣、曹佳妮、赵鹏、徐家泉、刘伟民、秦睿

【范　　围】

本文件规定了纸质档案修复质量要求。

本文件适用于各级各类档案馆及其他纸质档案保存机构对纸质档案修复质量的控制。

【主要内容】

本文件正文共包括 4 章，分别是：范围、规范性引用文件、术语和定义、修复质量要求。

其中，第 3 章明确了 GB/T 21712、GB/T 42468.1、DA/T 25、WH/T 22 和 ISO/TS 18344 中界定的，以及本章中界定的多个术语和定义适用于本文件。第 4 章分别对纸质档案的脱酸、去污、字迹加固和修复、修裱、揭粘、修整、裁切、装帧制定了专门的质量控制要求。

【规范性引用文件】

GB/T 21712　古籍修复技术规范与质量要求

GB/T 42468.1　纸质档案抢救与修复规范　第 1 部分：破损等级的划分

DA/T 25　档案修裱技术规范

WH/T 22　古籍特藏破损定级标准

ISO/TS 18344　纸张脱酸工艺的有效性（Effectiveness of paper deacidification processes）

【修订情况】

无

GB/Z 42468.4—2023 纸质档案抢救与修复规范 第 4 部分：修复操作指南

【标 准 号】GB/Z 42468.4—2023

【标准名称】纸质档案抢救与修复规范　第 4 部分：修复操作指南

【英文名称】Specifications for rescue and restoration of paper archives—Part 4: Guidelines on restoration

【标准类别】管理标准

【采标情况】无

【发布时间】2023 - 03 - 17

【实施时间】2023 - 10 - 01

【技术归口】国家档案局

【起草单位】中央档案馆（国家档案局）、中国人民大学

【起 草 人】黄丽华、张美芳、李冰、吕晓芳、曹佳妮、宋欣、赵鹏、徐家泉、刘伟民、秦睿、王亚亚、于晨

【范　　围】

本文件确立了纸质档案修复的原则、基本准则，以及修复前准备、修复实施和修复后工作的修复流程，描述了修复方法。

本文件适用于各级各类档案馆及其他纸质档案保存机构对纸质档案的修复。

【主要内容】

本文件正文共包括 7 章，分别是：范围、规范性引用文件、术语和定义、总则、修复前准备、修复、修复后工作。

其中，第 3 章明确了 GB/T 32004、GB/T 42468.1、GB/T 42468.2、GB/T 42468.3、DA/T 1 界定的术语和定义适用于本文件。第 4 章提出了档案修复的原则、基本准则和修复流程。第 5 章规范了档案修复前进行保存状况调查和破损评估、拍照、检测分析、制定修复方案的要求。第 6 章明确了修复中进行编号和拆卷、除尘、除霉、字迹加固和恢复、揭粘、去污、脱酸、局部修补和加固、整体加固、平整干燥、整理装订和记录修复日志各流程中的要求，并描述了修复方法。第 7 章规范了修复后拍照、验收和质量评估、完成并归档修复档案的工作要求。

【规范性引用文件】

GB/T 11821　照片档案管理规范

GB/T 11822　科学技术档案案卷构成的一般要求

GB/T 18894　电子文件归档与电子档案管理规范

GB/T 32004　信息与文献　纸张上书写、打印和复印字迹的耐久性和耐用性要求与测试方法

GB/T 42468.1　纸质档案抢救与修复规范　第1部分：破损等级的划分

GB/T 42468.2　纸质档案抢救与修复规范　第2部分：档案保存状况的调查

GB/T 42468.3　纸质档案抢救与修复规范　第3部分：修复质量要求

DA/T 1　档案工作基本术语

ISO/TS 18344　纸张脱酸工艺的有效性（Effectiveness of paper deacidification processes）

【修订情况】

无

GB/T 42713—2023 信息与文献 参与者名称标识符

【标 准 号】GB/T 42713—2023

【标准名称】信息与文献 参与者名称标识符

【英文名称】Information and documentation—Party standard name identifier

【标准类别】基础标准

【采标情况】ISO 27729：2012，MOD

【发布时间】2023-08-06

【实施时间】2024-03-01

【技术归口】全国信息与文献标准化技术委员会

【起草单位】中国工程院战略咨询中心、浙江大学、浙江理工大学、中国科学技术信息研究所、中国化工信息中心有限公司、同方知网（北京）技术有限公司、北京万方数据股份有限公司、锐捷网络股份有限公司、曙光信息产业股份有限公司

【起 草 人】黄晨、陈岩、刘翔、潘刚、傅智杰、杨代庆、肖宏、吴钊、金佳丽、施干卫、王毓铭、蔡志勇、武卫、魏振国、宋媛媛、黄志强、方志坚

【范 围】

本文件规定了参与跨领域创造性活动的各方公开身份的唯一标识，用于区分同一参与者的不同身份，避免因不同公开身份的参与者使用相同名称而造成混淆。

本文件不适用于直接提供参与者公开身份详细信息的访问路径，但可以提供指向保存此类信息的其他系统的链接。

【主要内容】

本文件正文共包括8章，分别是：范围、规范性引用文件、术语和定义、ISNI的结构与呈现、ISNI的分配、ISNI的管理、ISNI与元数据的关系、ISNI与其他标识符的关系。

其中，第3章给出了“参与者名称标识符”（ISNI）等多个适用于本文件的术语及其定义。第4章规定了ISNI的结构、语义和呈现格式、校验字符的计算方法。第5章提出了ISNI分配应该符合附录B的规定。第6章提出了ISNI管理要求，明确ISNI注册机构的职责应符合附录C的规定。第7章规定了ISNI与参与者公开身份的元数据相关联，其元数据应符合附录D的规定并由ISNI注册机构负责元数据的维护管理。第8章给出了ISNI与其他标识符的对应关系。

此外，本文件有4个规范性附录和1个资料性附录。其中，附录A为规范性附录，给出了ISNI校验字符的计算方法；附录B为规范性附录，提出了ISNI分

配的一般规则，并给出了示例；附录C为规范性附录，提出了ISNI系统由ISNI的注册机构根据其职责规范进行管理；附录D为规范性附录，规定了ISNI的注册元数据信息组成、ISNI的注册机构应提供的数据元素，并提出ISNI的注册机构应定义元数据的更新程序；附录E为资料性附录，提供了ISNI与其他标识符的关系类型。

【规范性引用文件】

GB/T 17710—2008　信息技术　安全技术　校验字符系统（ISO/IEC 7064：2003，IDT）

【修订情况】

无

GB/T 42727—2023　政务服务事项电子文件归档规范

【标 准 号】GB/T 42727—2023

【标准名称】政务服务事项电子文件归档规范

【英文名称】Archiving specification for electronic documents of government service item

【标准类别】管理标准

【采标情况】无

【发布时间】2023-05-23

【实施时间】2023-12-01

【技术归口】国家档案局

【起草单位】浙江省档案局、浙江省档案馆、福建南威软件有限公司

【起 草 人】郑金月、梁绍红、王锦妙、夏振华、陈林、王大众、林伟宏、翁梅、陈桂明、高乐、黄文峰

【范　　围】

本文件规定了通过政务服务事项办理系统形成、办理、传输和存储的电子文件（简称政务服务事项电子文件）归档的功能要求、归档流程，归档信息包的内容、结构、命名规则，以及元数据、存储格式、数据交换等要求。

本文件适用于在政务服务事项办理系统中形成的依申请办理的行政权力事项和公共服务事项电子文档的归档，行政处罚、行政检查等行政权力事项电子文件的归档参照使用。

【主要内容】

本文件正文共包括10章，分别是：范围，规范性引用文件，术语和定义，总体原则和要求，归档功能要求，归档流程，归档信息包的内容、结构和命名规则，元数据要求，存储格式要求，数据交换要求。

其中，第3章界定了13个适用于本文件的术语和规范定义。第4章明确了政务服务事项电子文件归档工作的总体原则，并提出了建立归档文件和档案管理制度，明确相关部门的职责和分工，电子文件的归档宜采用在线归档的方式，电子文档的保管期限应不低于行政管理、诉讼、审计等活动所需的追溯年限，且政务服务事项办理系统应按照国家网络安全等级保护标准建设的要求。第5章提出了政务服务事项电子文件归档功能中归档配置功能、整理组件功能、清点检测功能、归档信息包封装功能、数据交换功能、统计和审计功能等要求。第6章规定了政务服务事项电子文件归档的流程，给出了流程图，并对各阶段流程给出规范要求。

第 7 章规定了政务服务事项电子文件归档信息包的内容、结构和命名规则。第 8 章规定了描述政务服务事项电子文件的元数据集合，给出了归档配置信息的元数据、办件基本信息的元数据及办理流程信息的元数据描述。第 9 章提出了对政务服务事项电子文件存储格式的要求。第 10 章规定了政务服务事项电子文件批量数据交换中的数据交换要求，给出了数据交换目录的元数据描述。

此外，本文件还另附 5 个资料性附录。其中，附录 A 列出了归档材料目录；附录 B 给出了归档信息包的一般结构示例；附录 C 给出了归档信息包的嵌套结构示例；附录 D 给出了政务服务事项电子文件元数据映射表；附录 E 给出了元数据描述格式示例。

【规范性引用文件】

GB/T 18894—2016　电子文件归档与电子档案管理规范

GB/T 36905—2018　电子证照　文件技术要求

GB/T 39554.1—2020　全国一体化政务服务平台　政务服务事项基本目录及实施清单　第 1 部分：编码要求

DA/T 13　档号编制规则

【修订情况】

无

GB/T 42743—2023 信息与文献 国家科技重大专项档案元数据元素集

【标 准 号】 GB/T 42743—2023

【标准名称】 信息与文献 国家科技重大专项档案元数据元素集

【英文名称】 Information and documentation—Metadata element set for records of national science and technology major project

【标准类别】 基础标准

【采标情况】 无

【发布时间】 2023-08-06

【实施时间】 2024-03-01

【技术归口】 全国信息与文献标准化技术委员会

【起草单位】 中华人民共和国科学技术部、中国科学技术信息研究所、国家档案局、北京大学、清华大学

【起 草 人】 李啸、丁德胜、曾维维、曾建勋、段明莲、薛四新、李芳菊、崔文健、章建方、温育忠

【范　　围】

本文件确定了国家科技重大专项档案元数据方案，规定了重大专项档案元数据的描述规则及其详细描述方法。

本文件适用于国家科技重大专项文件和档案管理系统的建设以及档案管理业务的开展。其他国家科技计划档案数据资源的管理可参照执行。

【主要内容】

本文件正文共包括 6 章，分别是：范围、规范性引用文件、术语和定义、基本要求、元数据实体及元数据描述方法、元数据元素的描述。

其中，第 3 章界定了"国家科技重大专项"等 6 个适用于本文件的术语及其规范定义。第 4 章提出了国家科技重大专项档案元数据应符合的基本要求，应建立电子文件归档，档案管理系统的元数据元素应符合规范性附录 A 的规定。第 5 章给出了重大专项档案管理中元数据实体类型分类，确定了不同类型实体元数据元素和结构。第 6 章界定了文件实体标识元数据元素、文件实体描述元数据元素、项目实体管理元数据元素、项目实体描述元数据元素、业务实体元数据元素、责任者实体元数据元素和实体关系元数据元素的描述方法。

此外，本文件还另附 1 个规范性附录和 1 个资料性附录。其中，附录 A 为规范性附录，定义了国家科技重大专项档案元数据元素；附录 B 为资料性附录，给

出了国家科技重大专项档案元数据著录模板示例。

【规范性引用文件】

GB/T 4880.2　语种名称代码　第2部分：3字母代码

GB/T 4881　中国语种代码

GB/T 7156　文献保密等级代码与标识

GB/T 7408　数据元和交换格式　信息交换　日期和时间表示法

GB/T 18391.1　信息技术　元数据注册系统（MDR）　第1部分：框架

GB/T 26162　信息与文献　文件（档案）管理　概念与原则

GB/T 29194　电子文件管理系统通用功能要求

GB/T 42107—2022　国家科技重大专项文件归档与档案管理规范

【修订情况】

无

GB/T 42745—2023　信息与文献　可信的第三方数字文件（档案）仓储

【标 准 号】GB/T 42745—2023

【标准名称】信息与文献　可信的第三方数字文件（档案）仓储

【英文名称】Information and documentation—Trusted third party repository for digital records

【标准类别】基础标准

【采标情况】ISO 17068：2017，IDT

【发布时间】2023-08-06

【实施时间】2024-03-01

【技术归口】全国信息与文献标准化技术委员会

【起草单位】中国科学院武汉文献情报中心、中国科学院文献情报中心

【起 草 人】张智雄、汤怡洁、徐雯、丁晓芹

【范　　围】

本文件对可信的第三方仓储（TTPR）的授权保管服务作出明确要求，以确保委托方数字文件的真实性、可靠性、完整性和可用性。

本文件适用于在私营和公共部门的法定义务保管期限内，将数字文件作为证据来源的保管和仓储服务。

本文件仅限用于可信的第三方仓储和委托方之间的数字文件授权保管服务。

【主要内容】

本文件正文共包括 7 章，分别是：范围、规范性引用文件、术语和定义、TTPR 概述、TTPR 服务、技术要求、运营要求。

其中，第 3 章界定了适用于本文件的 18 个术语及其规范定义。第 4 章阐述了建设可信的 TTPR 的重要性，并明确了对 TTPR 的可信性要求，提出 TTPR 组件包含由技术和运营提供的服务，并详述了 TTPR 组件以及需具备的特征。第 5 章提出了 TTPR 服务的一般要求，明确了服务程序，约定了服务协议内容，给出了子服务要求、质量和程序。第 6 章规定了 TTPR 自创建起应考虑的技术类型和要求，包括数字文件仓储、收发系统、网络系统、时间戳、审核跟踪、网络安全系统、访问控制设备、灾难恢复设施、证书发布和数字文件验证系统以及备份系统。第 7 章提出了 TTPR 稳定可靠运营中，委托方、管理员、网络和安全、数字文件、收发消息操作、审核文件、数据备份和恢复、安全、迁移和接收、委托方系统分别应遵循的管理要求。

【规范性引用文件】

ISO 30300　信息与文献　文件管理　核心概念与术语（Information and documentation—Records management—Core concepts and vocabulary）

注：GB/T 34110—2017　信息与文献　文件管理体系　基础与术语（ISO 30300：2011，IDT）

ISO 30301　信息与文献　文件（档案）管理体系　要求（Information and documentation—Management systems for records—Requirements）

注：GB/T 34112—2022　信息与文献　文件（档案）管理体系　要求（ISO 30301：2019，IDT）

ISO 30302　信息与文献　文件管理体系　实施指南（Information and documentation—Management systems for records—Guidelines for implementation）

注：GB/T 41027—2021　信息与文献　文件（档案）管理体系　实施指南（ISO 30302：2015，IDT）

A/60/515、60/21　联合国国际合同使用电子通信公约（United Nations Convention on the Use of Electronic Communications in International Contracts）

【修订情况】

无

GB/Z 42964—2023　图书馆纸质文献脱酸工艺有效性评价方法

【标 准 号】 GB/Z 42964—2023

【标准名称】 图书馆纸质文献脱酸工艺有效性评价方法

【英文名称】 Effectiveness of deacidification processes for paper－based literature in libraries

【标准类别】 基础标准

【采标情况】 ISO/TS 18344：2016，MOD

【发布时间】 2023－08－06

【实施时间】 2023－08－06

【技术归口】 全国图书馆标准化技术委员会

【起草单位】 国家图书馆、北京理工大学、北京国图创新文化服务有限公司

【起 草 人】 田周玲、张铭、陈红彦、赵芸、冯彩虹、张立朝、李楠

【范　　围】

本文件描述了图书馆纸质文献脱酸工艺有效性和均匀性评价的测试方法，规定了最低要求。

本文件适用于印刷或手写纸质文献批量脱酸工艺评价。

【主要内容】

本文件正文共包括 6 章，分别是：范围、规范性引用文件、术语和定义、原理、要求、报告。

其中，第 3 章界定了适用于本文件的 14 个术语及其规范定义表述。第 4 章阐述了纸质文献脱酸工艺检测标准化工作的方法原理。第 5 章给出了检测脱酸工艺效果的测试纸制备方法，并分别对“工艺验证”和“常规监测”2 种纸质文献脱酸工艺给出了其有效性测试方法，规范了检测要求。第 6 章规范了实验室开展工艺验证和常规监测后书面检测报告的内容要求。

此外，本文件另附 2 个资料性附录。其中，附录 A 说明了脱酸工艺的副作用和缺陷；附录 B 提供了脱酸工艺实施中供参考的纸样检测记录用表格，包括 11 个工艺验证检测记录表格和 2 个常规监测检测记录表。

【规范性引用文件】

GB/T 451.2　纸和纸板　定量的测定（GB/T 451.2—2002，eqv ISO 536：1995）

GB/T 457　纸和纸板　耐折度的测定（GB/T 457—2008，ISO 5626：1993，MOD）

GB/T 1540　纸和纸板　吸水性的测定（可勃法）（GB/T 1540—2002，neq ISO 535：1991）

GB/T 1545　纸、纸板和纸浆　水抽提液酸度或碱度的测定（GB/T 1545—2008，ISO 6588：1981，MOD）

GB/T 1548　纸浆　铜乙二胺（CED）溶液中特性黏度值的测定（ISO 5351：2010，MOD）

GB/T 4688　纸、纸板和纸浆　纤维组成的分析（GB/T 4688—2020，ISO 9184-1～ISO 9184-5：1990，MOD）

GB/T 7978　纸浆　酸不溶灰分的测定（GB/T 7978—2005，ISO 776：1992，MOD）

GB/T 24998　纸和纸板　碱储量的测定（GB/T 24998—2010，ISO 10716：1994，MOD）

GB/T 40167—2021　纸和纸板　加速老化（100℃）（ISO 5630-5：2008，MOD）

【修订情况】

无

GB/T 43507—2023 县域基本公共服务标准体系建设指南

【标 准 号】GB/T 43507—2023

【标准名称】县域基本公共服务标准体系建设指南

【英文名称】Guidelines for the construction of county basic public service standard system

【标准类别】基础标准

【采标情况】无

【发布时间】2023-12-28

【实施时间】2023-12-28

【技术归口】全国服务标准化技术委员会

【起草单位】济南全成政务智慧产业发展有限公司、山东省市场监督管理局、山东新一代标准化研究院有限公司、山东省质量技术审查评价中心有限公司、东营市东营区医疗保障局、青岛市城阳区民声服务中心、广州市越秀区市场监督管理局、成都市高新技术产业开发区管理委员会、成都市标准化研究院

【起 草 人】马晓鸥、张媛、张博嵛、毕玉琦、史丛丛、冯晓娅、吕典飞、吕雪、单磊、王亚楠、相吉利、罗振佳、张小峰、何文、熊艳、郑建、任雁

【范　　围】

本文件提供了县域基本公共服务标准体系的构建原则和总体结构，以及建设基准指标、服务实施、监测改进等3个标准子体系的指南。

本文件适用于指导县域基本公共服务标准体系的建立和实施。

【主要内容】

本文件正文共包括8章，分别是：范围、规范性引用文件、术语和定义、构建原则、总体结构、基准指标标准子体系、服务实施标准子体系、监测改进标准子体系。

其中，第3章将标准体系和基本公共服务作为适用于本文件的术语，并给出规范定义表述。第4章提出了县域基本公共服务标准体系的构建原则：目标明确、因地制宜、协调统一、动态调整。第5章提出了县域基本公共服务标准体系中3个标准子体系：基准指标、服务实施、监测改进，并分别明确了3个子体系的作用和内涵。第6章规范了基准指标标准子体系的结构，提出了其内含基础通用标准、服务项目标准和服务指标标准子体系中标准建设内容。第7章规范了服务实施标准子体系的结构，提出了其内含服务提供标准、服务保障标准、服务协同标

准和数字支撑标准子体系中标准建设内容。第 8 章规范了监测改进标准子体系的结构，提出了其内含监测预警标准、评估评价标准和服务改进标准子体系中标准建设内容。

【规范性引用文件】

GB/T 13016—2018　标准体系构建原则和要求

【修订情况】

无

GB/T 43514—2023　信息与文献　馆际互借事务

【标　准　号】GB/T 43514—2023

【标准名称】信息与文献　馆际互借事务

【英文名称】Information and documentation—Interlibrary loan transactions

【标准类别】基础标准

【采标情况】ISO 18626：2021，IDT

【发布时间】2023－12－28

【实施时间】2024－07－01

【技术归口】全国信息与文献标准化技术委员会

【起草单位】北京大学、厦门大学、中国科学技术信息研究所、中国国家图书馆

【起　草　人】姚晓霞、庄昕、曾丽军、刘彦丽、冯英、杨薇、马梧桐、赵星、王燕

【范　　围】

本文件规定了图书馆间或图书馆与其他机构之间用于处理请求图书馆馆藏资源及后续消息交换的事务。

【主要内容】

本文件正文包括 6 章，分别是：范围、规范性引用文件、术语和定义、消息、格式与传输、合规性要求。

其中，第 3 章术语和定义界定了 10 个图书馆馆际互借相关的术语及其适用于本文件的规范定义。第 4 章规定了用于馆际互借的 3 种消息和应答，约定了各类消息代码含义，同时，分别规范了请求、请求确认、提供机构消息、提供机构消息确认、请求机构消息、请求机构消息确认、复合类型、封闭代码、错误数据等各代码元素的构成及定义。第 5 章界定了馆际互借事务中消息格式与传输的信息管理要求。第 6 章约定了馆际互借信息处理中的合规性要求内容。

此外，本文件还另附 8 个资料性附录。其中，附录 A 提供了馆际互借事务中心的管理网站地址信息；附录 B 提供了开放代码数据结构及值列表；附录 C 提供了 ISO 18626 的 XML schemas 网站；附录 D 给出了馆际互借事务中消息和应答的应用示例；附录 E 给出馆际互借中提供馆的内容唯一记录标识要求和馆藏格式，及格式遵循的标准；附录 F 提供了 ISO 18626 中配置文件信息；附录 G 提出了联盟在馆际互借事务中的处理操作指导；附录 H 给出了馆际互借事务中，请求馆和提供馆间以重试的方式进行协商操作的指导。

【规范性引用文件】

ISO 2108 信息与文献 国际标准书号（ISBN）[Information and documentation—International standard book number（ISBN）]

注：GB/T 5795—2006 中国标准书号（ISO 2108：2005，MOD）

ISO 3166-1 国家及其分支机构名称表示代码 第1部分：国家代码（Codes for the representation of names of countries and their subdivisions—Part 1：Country code）

注：GB/T 2659.1—2022 世界各国和地区及其行政区划名称代码 第1部分：国家和地区代码（ISO 3166-1：2020，MOD）

ISO 3297 信息与文献 国际标准连续出版物号（ISSN）[Information and documentation—International standard serial number（ISSN）]

注：GB/T 9999.2—2018 中国标准连续出版物号 第2部分：ISSN（ISO 3297：2007，MOD）

ISO 4217 表示货币的代码（Codes for the representation of currencies）

注：GB/T 12406—2022 表示货币的代码（ISO 4217：2015，MOD）

ISO 8601-1 日期和时间 信息交换的表示 第1部分：基本规则（Date and time—Representation for information interchange—Part 1：Basic rules）

ISO 10957 信息与文献 国际标准音乐作品编码（ISMN）[Information and documentation—International standard music number（ISMN）]

ISO 15511 信息与文献 图书馆及相关组织的国际标准标识符（ISIL）[Information and documentation—International standard identifier for libraries and related organizations（ISIL）]

ISO 20247 信息与文献 国际图书馆单件馆藏标识符（ILII）[Information and documentation—International library item identifier（ILII）]

ISO 26324 信息与文献 数字对象唯一标识符系统（Information and documentation—Digital object identifier system）

注：GB/T 36369—2018 信息与文献 数字对象唯一标识符系统（ISO 26324：2012，IDT）

ISO 27729 信息与文献 国际标准名称标识符（ISNI）[Information and documentation—International standard name identifier（ISNI）]

ISO/IEC 10646 信息技术 通用编码字符集（UCS）[Information technology—Universal coded character set（UCS）]

注：GB/T 13000—2010 信息技术 通用多八位编码字符集（UCS）（ISO/IEC 10646：2003，IDT）

RFC 3629 UTF-8，一种ISO 10646的转换格式（UTF-8，a transformation format of ISO 10646）

RFC 7230 超文本传输协议（HTTP/1.1）：消息语法和路径 [Hypertext

Transfer Protocol（HTTP/1.1）：Message Syntax and Routing］

RFC 7231 超文本传输协议（HTTP/1.1）：语义和内容［Hypertext Transfer Protocol（HTTP/1.1）：Semantics and Content］

RFC 7540 超文本传输协议版本 2（HTTP/2）［Hypertext Transfer Protocol Version 2（HTTP/2）］

【修订情况】

无

GB/T 43516—2023 科技资源用户需求描述

【标 准 号】GB/T 43516—2023

【标准名称】科技资源用户需求描述

【英文名称】User requirement description on science and technology resource

【标准类别】基础标准

【采标情况】ISO 18626：2021，IDT

【发布时间】2023 - 12 - 28

【实施时间】2024 - 07 - 01

【技术归口】全国信息与文献标准化技术委员会

【起草单位】中国科学技术信息研究所、北京大学图书馆、北京航空航天大学、中国化工信息中心有限公司

【起 草 人】常春、陈建龙、张辉、赵启阳、金盛豪、顾方

【范　　围】

本文件规定了科技资源用户需求描述的元数据方法，通过描述科技资源用户需求标识方法，实现科技资源平台构建方对用户主观科技资源需求的语义标准化描述，实现与客观存在的科技资源的匹配对接，从而更好地为国家科技创新提供服务。

本文件适用于科技资源平台建设和服务过程中对用户需求的描述，并为其他相关信息资源的用户需求研究和实践提供参考。

【主要内容】

本文件正文共包括 7 章，分别是：范围、规范性引用文件、术语和定义、用户对不同种类科技资源需求的元数据描述方法、科技资源用户需求元数据的定义和描述、科技资源用户需求核心元数据描述结构、科技资源用户需求服务实现方式。

其中，第 3 章术语和定义部分界定了科技资源等适用于本文件的 13 个术语及其规范定义表述。第 4 章提出了用户对科技人力资源、科技财力资源、科技实物资源、科技信息资源需求描述的核心元数据的元素及其描述内容。第 5 章提出科技资源用户需求的元数据应采用摘要表示的方式定义和描述，并给出了其定义、组成和规则。第 6 章规定了科技资源用户需求核心元数据描述结构，定义了 8 个核心元数据元素，并分别对 8 个核心元数据定义规范。第 7 章提出了科技资源用户需求服务获取实现方式、获得科技资源协同服务内容、获得科技资源服务步骤。

【规范性引用文件】

无

【修订情况】

无

GB/T 43523—2023　信息与文献　应急准备和响应

【标 准 号】GB/T 43523—2023

【标准名称】信息与文献　应急准备和响应

【英文名称】Information and documentation—Emergency preparedness and response

【标准类别】基础标准

【采标情况】ISO 21110：2019，MOD

【发布时间】2023-12-28

【实施时间】2024-07-01

【技术归口】全国信息与文献标准化技术委员会

【起草单位】中国标准化研究院、国家档案局、中国科学技术信息研究所、河北大学、建研防火科技有限公司、中国国家博物馆、中国人民革命军事博物馆、珠海鼎和质量发展有限公司、珠海市档案局、天津市标准化研究院、厦门大学、中国科学院科技战略咨询研究院、浙江省长三角公共服务标准化研究院

【起 草 人】郭德华、丁德胜、丹英、宛玲、赵利宏、李华飙、沈业成、乔宝良、张晋文、刘华、汪滨、申娜娜、吴清强、赵青、张明、方萍、沙金、王美红、李国鹏、陈颖、金会生、张欢

【范　　围】

本文件提供了档案馆、图书馆或博物馆馆藏的应急准备计划、响应和恢复活动的流程，确立了制定、实施和评审应急准备和响应计划的程序及方法。

本文件适用于档案馆、图书馆或博物馆馆藏的应急准备和响应以及恢复，为档案馆、图书馆或博物馆等组织的应急准备和响应以及恢复工作提供指导。

注 1：本文件未涉及突发事件的原因，但说明了突发事件造成的后果和影响，通过最佳实践对标分析方法来提高档案馆、图书馆或博物馆的应急准备和响应、恢复的能力。

注 2：本文件不作为操作手册，因为没有一种方法能满足所有组织的需求，也没有一套适合所有和各种类型突发事件的组织管理方法。

【主要内容】

本文件的正文共包括 6 章，分别是：范围、规范性引用文件、术语和定义、计划、响应与恢复、绩效指标。

其中，第 3 章术语和定义界定了适用于本文件的 19 个专业术语及其定义。第 4 章提出了应急准备工作计划的规范要求，包括划分准备流程各阶段、确认已识别的风险分析及等级、危害的分级及其影响的方法，提出馆藏的安全保护级别与策略，明确划分了突发事件分级和阶段的定义，提出应急准备和响应计划与当地、地区或国家的应急管理计划保持协调或一致，并在此基础上提出了计划内容包含

的基本要素组成，以及计划的维护程序，计划还对应急准备和响应组织要求、职责分工以及应急响应和恢复行动的培训作出了详尽规范要求。第 5 章提出了对突发事件的有效响应与恢复的步骤，对突发事件响应及突发事件后的恢复中的指挥、管理和协调、评估、决策与计划、与承包方和志愿部门合作、恢复资金、执行结束、评审都分别作出详细规范。第 6 章提出了在应急准备和响应中的绩效指标确定和方法，并列表给出了评估方法的指标示例。

此外，本文件还另附 6 个资料性附录。其中，附录 A 以图示给出了应急计划主要组成部分及程序；附录 B 描述了利益相关者及其在突发事件中的角色；附录 C 列表给出了不同区域中配备物资清单；附录 D 给出了漏水情况下的典型任务清单；附录 E 给出了每日事件报告表的示例；附录 F 给出了本文件中重新安置期间建议的着重突出的角色和职责。

【规范性引用文件】

无

【修订情况】

无

GB/Z 43768—2024　信息与文献 网络存档的统计和质量问题

【标 准 号】GB/Z 43768—2024

【标准名称】信息与文献　网络存档的统计和质量问题

【英文名称】Information and documentation—Statistics and quality issues for web archiving

【标准类别】基础标准

【采标情况】ISO/TR 14873：2013，IDT

【发布时间】2024-03-15

【实施时间】2024-10-01

【技术归口】全国信息与文献标准化技术委员会

【起草单位】中国科学院文献情报中心、国家图书馆、中国科学院档案馆、北京大学图书馆

【起 草 人】吴振新、张冬荣、潘亚男、敦文杰、朱佳丽、曲云鹏、孙超、谢靖、付鸿鹄、单嵩岩、薛杰、吴欣雨、孔贝贝、胡吉颖、陈子俊、张静

【范　　围】

本文件为网络存档定义了统计数据、术语和质量标准。本文件考虑了图书馆、档案馆、博物馆、研究中心和文化遗产基金会等众多机构组织的需求和实践。

本文件面向直接参与网络存档的专家，通常是由网络存档机构的领导决策人员、工程师和保存管理人员组成的团队。对网络存档机构的资助机构和利益相关方也同样有用。

本文件不适用于学术和商业电子资源的管理，如电子期刊、电子报纸或电子书；不适用于通过网络分发的电子文档，如通过出版商的电子存储库和仓储系统。

本文件专注于网络存档的原理和方法，不包括其他采集互联网资源的方式。

【主要内容】

本文件正文主要内容包括 7 章，包括范围、规范性引用文件、术语和定义、网络存档的方法和目的、统计数据、质量指标、用途和获益。

其中，第 3 章术语和定义界定了适用于本文件的 53 个术语及其规范定义表述。第 4 章给出了网络存档的方法和目的，描述了采集方法、保存方法的技术基准、局限性、采集策略、遴选标准、保存策略，给出了访问和描述方法技术基准，提出了网络存档的法律基础等。第 5 章提出了通用的统计数据和质量指标，并给出了示例。第 6 章提出了最适合评估同一组织长期提供的服务质量指标，列表描

述了每个指标的名称、目标、前提条件、方法及说明等。第 7 章描述了统计数据和质量指标的用途，并对使用指标的获益进行了分别说明。

【规范性引用文件】

无

【修订情况】

无

GB/T 44435—2024　信息与文献　数字文件（档案）转换和迁移过程

【标 准 号】 GB/T 44435—2024

【标准名称】 信息与文献　数字文件（档案）转换和迁移过程

【英文名称】 Information and documentation—Digital records conversion and migration process

【标准类别】 管理标准

【采标情况】 ISO 13008：2022，IDT

【发布时间】 2024－09－29

【实施时间】 2025－04－01

【技术归口】 全国信息与文献标准化技术委员会

【起草单位】 国家档案局、天津师范大学

【起 草 人】 郝晨辉、白文琳、刘双成、柴培、何芮、宋香蕾

【范　　围】

本文件规定了数字文件转换、迁移的方案、要求和程序，以保持作为业务职能、过程、活动和事务证据的数字文件的真实性、可靠性、完整性和可用性。

本文件未完全覆盖以下内容：

——备份系统；

——数字文件的保存；

——可信数字仓储的功能；

——将模拟格式转换为数字格式的过程，将数字格式转换为模拟格式的过程。

注：本文件所称“文件”等同于中文语境下的机关单位或组织的文件和档案。

【主要内容】

本文件正文共包括 8 章，分别是：范围、规范性引用文件、术语和定义、组织和业务框架、转换和迁移要求、转换和迁移技术方案、转换和迁移程序、监控。

其中，第 3 章提出了 ISO 30300 界定的以及本文件界定的 16 个术语及 ISO 和 IEC 中术语及其规范性定义表述适用于本文件，并给出了 ISO 和 IEC 维护的用于标准化的术语数据库的网址。第 4 章阐述了转换或迁移数字文件的常见驱动因素，组织机构在评估是否需要转换或迁移文件时宜考虑的因素，以及制定转换和迁移方案的步骤。第 5 章提出了转换和迁移文件管理的准备活动、元数据管理要求，以确保在转换和迁移完成后能生成完整、准确、可靠和真实的文件。第 6 章涉及转换和迁移过程的技术方案，对成功实现转换或迁移项目的关键基础设施问题和技术要求给出指导，详细给出业务要求、行政管理方案构成、技术方案要求，同

时提供了外部转换和迁移服务相关指导和建议文件的目录。第 7 章旨在细化落实第 5 章中规定的转换和迁移要求，给出了转换和迁移程序的 4 个关键步骤，分别是方案、测试、转换或迁移、验证。第 8 章提出了转换或迁移中进行控制和监控的要求，并给出了控制和监控方案选择和实施的验证证明内容及方式。

【规范性引用文件】

ISO 30300　信息与文献　文件管理体系　基础与术语（Information and documentation—Records management—Core concepts and vocabulary）

注：GB/T 34110—2017　信息与文献　文件管理体系　基础与术语（ISO 30300：2011，IDT）

【修订情况】

无

GB/T 44628—2024　科技资源关联及聚合　原则与方法

【标 准 号】 GB/T 44628—2024

【标准名称】 科技资源关联及聚合　原则与方法

【英文名称】 Science and technology resource link and aggregation—Principles and methods

【标准类别】 基础标准

【采标情况】 无

【发布时间】 2024-09-29

【实施时间】 2025-04-01

【技术归口】 全国信息与文献标准化技术委员会

【起草单位】 中国科学技术信息研究所、北京智库泉数据处理有限责任公司、厦门大学、北京航空航天大学、中国化工信息中心有限公司、中国标准化研究院

【起 草 人】 刘伟、王星、李超、董诚、张运良、高影繁、马峥、刘华、丹英、吴清强、张辉、顾方、鲁瑛、郭德华

【范　　围】

本文件确立了基于元数据进行科技资源关联及聚合的总体框架和原则，描述了科技资源元数据预处理方法、科技资源关联的流程和方法，以及在关联基础之上建立科技资源聚合的方法。

本文件适用于对科技资源的组织管理，以及对科技资源在显性和隐性层面的关联及聚合。

【主要内容】

本文件正文共包括 7 章，分别是：范围，规范性引用文件，术语、定义和缩略语，总体框架，科技资源关联及聚合原则，共有元数据元素预处理方法，科技资源关联及聚合的方法。

其中，第 3 章提出了 GB/T 31075—2014 界定的以及本文件界定的 9 个术语及其规范性定义表述适用于本文件，并给出了适用于本文件的 2 个缩略语。第 4 章提出了基于元数据科技资源关联及聚合总体框架，给出了图示，并对元数据元素预处理、科技资源关联、科技资源关联度计算、科技资源聚合分别给出说明。第 5 章提出了科技资源关联及聚合的原则，包括：完整性原则、可靠性原则、统一性原则和归一化原则。第 6 章规范了共有元数据元素预处理方法，分别从元数据元素映射、规范实体名称、规范术语、统一格式和统一计量单位给出明确要求或应遵循的标准要求依据。第 7 章提出了科技资源关联及聚合的方法要求：对共有元

数据元素的显性和隐性关联给出判断方法、给出科技资源关联度计算公式；对科技资源聚合给出步骤指导和计算公式。

此外，本文件还附1个资料性附录A，给出了科技资源原始元数据及预处理、科技资源关联及聚合的示例。

【规范性引用文件】

GB/T 7408.1—2023　日期和时间　信息交换表示法　第1部分：基本原则

GB/T 30523—2023　科技资源核心元数据

GB/T 31075—2014　科技平台　通用术语

【修订情况】

无

GB/Z 44646—2024 文献管理　数字保存 模拟记录成银-明胶型缩微品

【标 准 号】GB/Z 44646—2024

【标准名称】文献管理　数字保存　模拟记录成银-明胶型缩微品

【英文名称】Document management—Digital preservation—Analog recording to silver - gelatin microform

【标准类别】方法标准

【采标情况】ISO/TR 18160：2014，IDT

【发布时间】2024 - 09 - 29

【实施时间】2025 - 04 - 01

【技术归口】全国文献影像技术标准化技术委员会

【起草单位】北京市城市建设档案馆、北京国图文化发展有限责任公司

【起 草 人】郝莹、王浩、刘为、张颖、李冬梅、李铭

【范　　围】

本文件描述了在银盐黑白缩微胶片上记录的数字影像一致性评价的测试方法，该记录的输入既包括数字原生文档，也包括文献扫描仪生成的数字文档。本文件确立了随着时间的推移输出到胶片上的质量最佳化及其维持所用的质量控制程序。本文件同时强调了商用测试标板的使用和 ISO 认可的标准测试标板的使用。

测试方法以对办公文献扫描仪的输出影像和胶片影像记录仪上的数字原生测试标板进行目视检查为基础。

本文件适用于评估办公室内使用的文献扫描仪和用于将扫描影像记录到缩微胶片的胶片影像记录仪的输出质量。根据胶片影像记录仪的功能，缩微品能是任何常用的形式，既包括 16mm、35mm 和 105mm 卷式缩微胶片，也包括缩微平片。

【主要内容】

本文件正文共包括 8 章，分别是：范围、规范性引用文件、术语和定义、文献成像、档案存储介质、文献扫描仪设定与质量控制、影像记录质量控制指南、胶片处理质量控制。

其中，第 3 章提出 ISO 6196（所有部分）和 ISO 12651 - 1 界定的术语及其规范性定义表述适用于本文件。第 4 章和第 5 章分别介绍说明了由制造厂商和用户合作制定标准 GB/T 20494.1—2006 和 GB/T 20494.2—2006，描述了一种用以验证成像设备性能的数字标板。该标板与文档成像无关，并给出了一种典型的办公用打印机标板的示例。第 6 章规定了文献扫描仪的设定与质量控制，描述了数字

成像系统质量控制及其关键步骤，给出了关键步骤对应执行的标准依据，提出了影像生成测试图的使用方法。第 7 章提出了使用数字生成的标准化测试标板，实现对数字写入设备的质量控制检测，给出质量控制指导。第 8 章提出了胶片处理质量控制应执行的标准依据，并给出了其关键元素说明。

此外，本文件还附 1 个资料性附录 A，讨论了光学标板与数字标板，并简要说明了质量控制程序内容。

【规范性引用文件】

ISO 6196（所有部分） 缩微摄影技术 词汇（Micrographics—Vocabulary）

注：GB/T 6159（所有部分） 缩微摄影技术 词汇［ISO 6196（所有部分）］

ISO 12651—1 电子文档管理 词汇 第 1 部分：电子文档（Electronic document management—Vocabulary—Part 1：Electronic document imaging）

注：GB/T 20225.1—2017 电子文档管理 词汇 第 1 部分：电子文档成像（ISO 12651-1：2012，IDT）

【修订情况】

无

二、行业标准

CY/T 176—2019　数字图书阅读量统计

【标 准 号】 CY/T 176—2019

【标准名称】 数字图书阅读量统计

【英文名称】 Statistics of reading quantity for digital books

【标准类别】 方法标准

【行业分类】 文化、体育和娱乐业

【采标情况】 无

【发布时间】 2019 - 05 - 29

【实施时间】 2019 - 07 - 01

【技术归口】 全国新闻出版标准化技术委员会

【起草单位】 天闻数媒科技（北京）有限公司、北京开卷信息技术有限公司、中国新闻出版研究院、北京方正阿帕比技术有限公司

【起 草 人】 罗敬、张书卿、童李霞、黄肖俊、李弘、王勤、向江、杨毅

【范　　围】

本标准规定了数字图书阅读量的统计对象分类、统计维度和统计数据项。

本标准适用于通过互联网传播的各种类型的数字图书。

【主要内容】

本标准正文共包括 5 章，分别是：范围、术语和定义、统计对象分类、统计维度、统计数据项。

其中，第 2 章界定了适用于本标准的 9 个术语及其规范定义。第 3 章从内容构成类型、产品形态和阅读终端 3 个角度区分了不同统计分类对象类型。第 4 章规定了数字图书阅读量的统计维度，如按照出版机构统计、按照数字图书品种统计、按照单个用户统计等。第 5 章提出了数字图书阅读量的统计项，如：品种数、浏览量、在线使用量、下载使用量、使用量、阅读量、阅读时长、销售额、用户数、付费用户数。

【规范性引用文件】

无

【修订情况】

无

WH/T 70.1—2020　公共图书馆评估指标 第 1 部分：区域公共图书馆事业发展

【标　准　号】 WH/T 70.1—2020

【标准名称】 公共图书馆评估指标　第 1 部分：区域公共图书馆事业发展

【英文名称】 Public library assessment indicators—Part 1：Regional development of public libraries

【标准类别】 管理标准

【行业分类】 文化、体育和娱乐业

【采标情况】 无

【发布时间】 2020－09－01

【实施时间】 2021－01－01

【技术归口】 全国图书馆标准化技术委员会

【起草单位】 国家图书馆、广州图书馆、浙江图书馆、福建省少年儿童图书馆、北京市西城区少年儿童图书馆

【起　草　人】 申晓娟、罗小红、李丹、胡洁、胡东、纪洪权、阎峥、陈慧娜、胡宏哲、韩超、王秀香、张孝天、林静、谢燕洁

【范　　围】

WH/T 70 的本部分规定了区域公共图书馆事业发展评估指标体系的构成，确定了区域公共图书馆事业发展设施设备、经费与人员保障、文献信息资源保障、服务工作、组织管理与协调等 5 个方面的评估指标。

本部分适用于各级文化主管部门及社会第三方组织对区域范围内公共图书馆事业发展水平的评估。

【主要内容】

本部分正文共包括 5 章，分别是：范围、规范性引用文件、术语和定义、总则、区域公共图书馆事业发展评估指标。

其中，第 3 章界定了公共图书馆、评估、总分馆、图书馆联盟等适用于本标准的 9 个术语和规范定义表述。第 4 章给出了本部分中评估指标的应用、评估指标体系的构成，描述了评估方法，给出了评估指标的取舍与扩展、指标权重系数及打分标准的建议，对数据的获取给出了要求。第 5 章列表给出了区域公共图书馆事业发展评估指标的体系构成。

此外，本部分还提供了 2 个附录。其中，附录 A 为规范性附录，定义了各项评估指标的定义、计算方法、适用范围及相关指标；附录 B 为资料性附录，给出

了读者满意率调查表样例。

【规范性引用文件】

GB/T 13191—2009　信息与文献　图书馆统计

【修订情况】

无

WH/T 70.2—2020　公共图书馆评估指标 第 2 部分：省、市、县级公共图书馆

【标 准 号】 WH/T 70.2—2020

【标准名称】 公共图书馆评估指标　第 2 部分：省、市、县级公共图书馆

【英文名称】 Public library assessment indicators—Part 2：Provincial、municipal、county public libraries

【标准类别】 管理标准

【行业分类】 文化、体育和娱乐业

【采标情况】 无

【发布时间】 2020-09-01

【实施时间】 2021-01-01

【技术归口】 全国图书馆标准化技术委员会

【起草单位】 国家图书馆、广州图书馆、东莞图书馆、天津市少年儿童图书馆、福建省少年儿童图书馆、北京市西城区少年儿童图书馆

【起 草 人】 申晓娟、罗小红、冯玲、张纳新、纪洪权、阎峥、韩超、王秀香、李丹、胡洁、陈慧娜、胡宏哲、张孝天、林静、冼君宜、石静、谢燕洁、殷剑冰、孙骁骁、黄文镝、杨睿

【范　　围】

WH/T 70 的本部分规定了省、市、县级公共图书馆评估指标体系的构成，确定了省、市、县级公共图书馆设施设备、经费与人员、文献资源、服务工作、协作与管理等 5 个方面的评估指标。

本部分适用于各级文化主管部门、社会第三方组织以及图书馆自身面向省、市、县级公共图书馆开展的评估工作。

【主要内容】

本部分正文共包括 5 章，分别是：范围，规范性引用文件，术语和定义，总则，省、市、县级公共图书馆评估指标。

其中，第 3 章界定了公共图书馆、评估、总分馆等相关术语的定义。第 4 章给出了评估指标的应用、指标体系的构成，描述了评估方法，对评估指标的取舍与扩展、指标权重系数及打分标准给出建议，对数据的获取给出了要求。第 5 章列表给出了省、市、县级公共图书馆评估指标的体系构成。

此外，本部分还提供了 2 个附录。其中，附录 A 为规范性附录，定义了各项评估指标的定义、计算方法、适用范围及该指标相关指标；附录 B 为资料性附录，

给出了读者满意率调查表的样例。

【规范性引用文件】

GB/T 28220 公共图书馆服务规范

GB/T 30227—2013 图书馆古籍书库基本要求

建标 108—2008 公共图书馆建设标准

JGJ 38—2015 图书馆建筑设计规范

WH/T 24—2006 图书馆古籍特藏书库基本要求

WH/T 71—2015 图书馆参考咨询服务规范

WH/T 72—2015 图书馆数字资源长期保存信息包封装规范

WH/Z 1—2012 图书馆数字资源长期保存元数据规范

【修订情况】

本次为第一次修订。

本部分代替 WH/T 70.1—2015、WH/T 70.2—2015、WH/T 70.3—2015。

WH/T 70.3—2020　公共图书馆评估指标 第3部分：省、市、县级少年儿童图书馆

【标 准 号】WH/T 70.3—2020

【标准名称】公共图书馆评估指标　第3部分：省、市、县级少年儿童图书馆

【英文名称】Public library assessment indicators—Part 3：Provincial、municipal、county children's libraries

【标准类别】管理标准

【行业分类】文化、体育和娱乐业

【采标情况】无

【发布时间】2020-09-01

【实施时间】2021-01-01

【技术归口】全国图书馆标准化技术委员会

【起草单位】国家图书馆、广州图书馆、东莞图书馆、天津市少年儿童图书馆、福建省少年儿童图书馆、北京市西城区少年儿童图书馆

【起 草 人】汪东波、陈慧娜、罗小红、冯玲、张纳新、纪洪权、阎峥、胡宏哲、王秀香、韩超、胡洁、李丹、张孝天、林静、冼君宜、石静、谢燕洁、殷剑冰、孙骁骁、黄文镝、杨睿

【范　　围】

WH/T 70的本部分规定了省、市、县级少年儿童图书馆评估指标体系的构成，确定了县级及以上少年儿童图书馆设施设备、经费与人员、文献资源、服务工作、协作与管理等5个方面的评估指标。

本部分适用于独立建制的县级及以上少年儿童图书馆自评估工作，同时也适用于各级文化主管部门及社会第三方组织的少年儿童图书馆评估工作。其他类型的服务于少年儿童的图书馆（室）评估工作可参考使用。

【主要内容】

本部分正文共包括5章，分别是：范围，规范性引用文件，术语和定义，总则，省、市、县级少年儿童图书馆评估指标。

其中，第3章界定了少年儿童图书馆、评估、总分馆、志愿者等相关术语的定义。第4章给出了评估指标的应用、指标体系的构成，描述了评估方法，对评估指标的取舍与扩展、指标权重系数及打分标准给出建议，对数据的获取提出要求。第5章列表给出了省、市、县级少年儿童图书馆评估指标的体系构成。

此外，本部分还提供了2个附录。其中，附录A为规范性附录，定义了本部

分各项评估指标的定义、计算方法、适用范围及该指标相关指标；附录B为资料性附录，给出了读者满意率调查表的样例。

【规范性引用文件】

GB/T 28220　公共图书馆服务规范

GB/T 30227—2013　图书馆古籍书库基本要求

JGJ 38—2015　图书馆建筑设计规范

WH/T 24—2006　图书馆古籍特藏书库基本要求

WH/T 71—2015　图书馆参考咨询服务规范

WH/T 72—2015　图书馆数字资源长期保存信息包封装规范

WH/Z 1—2012　图书馆数字资源长期保存元数据规范

【修订情况】

本次为第一次修订。

本部分代替 WH/T 70.4—2015、WH/T 70.5—2015、WH/T 70.6—2015。

WH/T 84—2019 信息与文献 公共图书馆影响力评估的方法和流程

【标 准 号】WH/T 84—2019

【标准名称】信息与文献 公共图书馆影响力评估的方法和流程

【英文名称】Information and documentation—Methods and procedures for assessing the impact of public libraries

【标准类别】管理标准

【行业分类】文化、体育和娱乐业

【采标情况】ISO 16439：2014，MOD

【发布时间】2019-03-25

【实施时间】2019-08-01

【技术归口】全国图书馆标准化技术委员会

【起草单位】东莞图书馆、国家图书馆、北京大学

【起 草 人】李东来、杨晓伟、冯玲、银晶、张久珍、张利娜、梁银艳、邱建恒、邱奉捷、宫平

【范 围】

本标准规定了公共图书馆影响力评估的术语以及评估方法，主要可用于：

——公共图书馆战略规划和内部质量管理；

——对比公共图书馆在不同时期的影响力；

——对比相似类型和级别的公共图书馆的影响力差异；

——提升公共图书馆在学习研究、教育文化、社会和经济生活中的作用和价值；

——为公共图书馆提升服务水平和实现战略目标提供决策依据。

本标准适用于我国各类型、级别的公共图书馆。本标准中所述方法并非完全适用于所有类型和级别的公共图书馆，各种类型和级别的公共图书馆可根据自身情况选择使用。

【主要内容】

本标准正文共包括10章，分别是：范围、规范性引用文件、术语和定义、公共图书馆影响力的描述、公共图书馆影响力的评估方法、推断的证据、征集的证据、观察的证据、公共图书馆影响力的组合法评估、公共图书馆经济价值的评估。

其中，第3章界定了72个适用于本标准的术语及其规范定义表述。第4章描述了公共图书馆影响力的定义，分析了影响力的影响层面，提出了影响力的作用

范围，开展影响力的规划，分析了影响力评估的难点，提出了影响力评估的实施目的，给出了影响力评估结果使用的指导建议。第 5 章阐释了能够证明公共图书馆影响力的推断的证据、征集的证据、观察的证据、定量和定性数据收集等多种评估方法。第 6 章阐述了使用公共图书馆年度统计数据、绩效评估数据和用户满意度数据来识别公共图书馆潜在影响力的方法。第 7 章给出了判断公共图书馆影响力中征集证据使用的调查方法、访谈和专题小组讨论、用户自我评估、收集轶事评估方法的使用及优缺点比较。第 8 章阐述了使用观察证据法，包括技术设备观察和用户自我观察，用系统记录分析数字资源及其服务等方法评估公共图书馆影响力的优点比较。第 9 章提出了公共图书馆影响力的组合法评估，包括使用定性与定量数据方法、运用组合法证明，并列举了组合法的优缺点提示。第 10 章阐述了对公共图书馆经济价值的计算、成本效益分析、经济影响力分析方法。

此外，本标准还另附 5 个资料性附录。其中，附录 A 举例给出了影响力调查；附录 B 描述了选择评估方法；附录 C 描述了机构/组织综合评估范围内的公共图书馆影响力评估；附录 D 给出了公共图书馆的经济价值评估案例；附录 E 以表格形式列出了对 ISO 16349：2014 所作的主要修改。

【规范性引用文件】

ISO 2789：2013　信息与文献　图书馆统计（Information and documentation—International library statistics）

ISO 5127：2017　信息和文献　基本术语（Information and documentation—Foundation and vocabulary）

ISO 11620：2014　信息与文献　图书馆绩效指标（Information and documentation—Library performance indicators）

【修订情况】

无

WH/T 87.1—2019　公共图书馆业务规范 第1部分：省级公共图书馆

【标 准 号】WH/T 87.1—2019

【标准名称】公共图书馆业务规范　第1部分：省级公共图书馆

【英文名称】Public library professional work specifications—Part 1：Provincial public library

【标准类别】管理标准

【行业分类】文化、体育和娱乐业

【采标情况】无

【发布时间】2019－09－04

【实施时间】2019－09－04

【技术归口】全国图书馆标准化技术委员会

【起草单位】国家图书馆、湖北省图书馆、山东省图书馆

【起 草 人】汪东波、申晓娟、汤旭岩、李西宁、王秀香、王天乐、张若冰、严继东、刘元珺、马志立、吴金敦、陶嘉今、杜云虹、孙振东

【范　　围】

WH/T 87的本部分给出了省级公共图书馆业务工作的基本规范。这些基本规范分为文献采集，文献组织，文献保存、保护与修复，读者服务，信息化服务，协作协调，业务管理与研究7个方面。

本部分适用于规范省级公共图书馆主要业务工作的内容和质量，同时也为省级公共图书馆的业务工作考核提供依据，为第三方评估提供参考。计划单列市、副省级城市公共图书馆业务工作可参照执行。

【主要内容】

本部分正文共包括11章，分别是：范围，规范性引用文件，术语和定义，总则，文献采集，文献组织，文献保存、保护与修复，读者服务，信息化建设，协作协调，业务管理与研究。

其中，第3章界定了适用于本部分的46个术语及其规范定义。第4章明确了省级公共图书馆具备的各项职能，并提出本部分的技术内容结构中通过“工作内容”和“质量要求”对各项业务工作进行规范。第5章界定了“文献采集”业务范围并对该项工作各环节内容及质量提出要求。第6章界定了“文献组织”业务范围，并对该项工作各环节内容及质量提出要求。第7章界定了“文献保存、保护与修复”业务范围，并对该项工作各环节内容及质量提出要求。第8章界定了

“读者服务”业务范围，并对其中制度建设、读者管理、文献借阅服务、信息检索服务、参考咨询服务、立法决策服务、社会教育服务、数字资源服务、政府公开信息服务、地方文献服务、文献开发、特殊群体服务和流动与自助服务等各工作环节内容及质量提出要求。第9章对省级公共图书馆信息化建设的管理制度、基础设施建设、软件系统建设、系统运行与维护、网络安全与信息安全的工作内容与质量提出要求。第10章对省级公共图书馆在开展协作协调、推进区域图书馆服务体系建设、业务指导、业务合作、学会及协会工作、社会合作等工作的内容规范和质量提出要求。第11章对省级公共图书馆的业务管理与研究中开展的业务管理制度建设、业务规划与计划、业务考核与评估、业务研究、业务培训、业务数据统计、业务档案管理及标识管理工作的内容予以规范，并提出质量要求。

此外，本部分还附1个资料性附录A，给出了省级公共图书馆业务指标体系表。

【规范性引用文件】

GB/T 3792.2　普通图书著录规则

GB/T 3792.3　文献著录　第3部分：连续性资源

GB/T 3792.4　文献著录　第4部分：非书资料

GB/T 3792.6　测绘制图资料著录规则

GB/T 3792.7　古籍著录规则

GB/T 3792.9　文献著录　第9部分：电子资源

GB/T 3860　文献主题标引规则

GB/T 6159.5　缩微摄影技术　词汇　第5部分：影像的质量、可读性和检查

GB 18030　信息技术　中文编码字符集

GB/T 21712　古籍修复技术规范与质量要求

GB/T 22239　信息安全技术　网络安全等级保护基本要求

GB/T 25100　信息与文献　都柏林核心元数据元素集

GB/T 27703　信息与文献　图书馆和档案馆的文献保存要求

GB/T 28220　公共图书馆服务规范

GB/Z 28828　信息安全技术　公共及商用服务信息系统个人信息保护指南

GB/T 30227　图书馆古籍书库基本要求

GB/T 31219.2　图书馆馆藏资源数字化加工规范　第2部分：文本资源

GB/T 31219.3　图书馆馆藏资源数字化加工规范　第3部分：图像资源

GB/T 31219.4　图书馆馆藏资源数字化加工规范　第4部分：音频资源

GB/T 31219.5　图书馆馆藏资源数字化加工规范　第5部分：视频资源

GB/T 32003　科技查新技术规范

GB/T 33286　中国机读书目格式

GB/T 35660（所有部分）　信息与文献　图书馆射频识别（RFID）

GB/T 36719　图书馆视障人士服务规范

GB/T 36720　公共图书馆少年儿童服务规范

GB 50174　数据中心设计规范

GB 50462　数据中心基础设施施工及验收规范

JGJ 38　图书馆建筑设计规范

WH/T 21　古籍普查规范

WH/T 22　古籍特藏破损定级标准

WH/T 47　图书馆数字资源统计规范

WH/T 50　网络资源元数据规范

WH/T 71　图书馆参考咨询服务规范

WH/T 74　图书馆行业条码

WH/T 76—2016　流动图书车车载装置通用技术条件

建标 108　公共图书馆建设标准

ISO 2709　信息和文献　信息交换格式（Information and documentation—Format for information exchange）

Z39.50　信息检索应用服务定义和协议规范（American national standard information retrieval application service definition and protocol specification for open system interconnection）

【修订情况】

无

WH/T 87.2—2019　公共图书馆业务规范 第 2 部分：市级公共图书馆

【标 准 号】 GB/T 87.2—2019

【标准名称】 公共图书馆业务规范　第 2 部分：市级公共图书馆

【英文名称】 Public library professional work specifications—Part 2：Municipal public library

【标准类别】 管理标准

【行业分类】 文化、体育和娱乐业

【采标情况】 无

【发布时间】 2019 - 09 - 04

【实施时间】 2019 - 09 - 04

【技术归口】 全国图书馆标准化技术委员会

【起草单位】 上海图书馆、东莞图书馆、嘉兴市图书馆、国家图书馆

【起 草 人】 周德明、金玉萍、李东来、章明丽、宾峰、黄一文、徐强、黄显功、张奇、冯玲、麦志杰、沈红梅、郁妹芬、李丹

【范　　围】

WH/T 87 的本部分是市级公共图书馆业务工作的基本规范。这些基本规范分为文献采集，文献组织，文献保存、保护与修复，读者服务，信息化建设，协作协调，业务管理与研究 7 个方面。

本部分主要用于规范市级公共图书馆主要业务工作的内容和质量，同时也为市级公共图书馆的业务考核提供依据，为第三方评估提供参考。

【主要内容】

本部分正文共包括 11 章，分别是：范围，规范性引用文件，术语和定义，总则，文献采集，文献组织，文献保存、保护与修复，读者服务，信息化建设，协作协调，业务管理与研究。

其中，第 3 章界定了适用于本部分的 44 个术语和定义。第 4 章明确了市级公共图书馆的业务工作核心范畴，并阐释了本部分的内容构成：从“工作内容”和“质量要求”对业务工作予以规范。第 5 章对市级公共图书馆文献采集的制度建设、采集方式、采集对象工作内容及质量提出要求。第 6 章对市级公共图书馆在文献组织工作中制度建设、文献编目、文献加工、资源整合工作的内容及质量提出要求。第 7 章对市级公共图书馆在文献保存、保护与修复的制度建设，文献保存、文献保护与修复工作的内容及质量提出要求。第 8 章对读者服务制度建设、

读者管理、文献借阅服务、信息检索服务、参考咨询服务、立法和决策服务、社会教育服务、数字资源服务、政府公开信息服务、地方文献服务、特殊群体服务、流动与自助服务等各工作内容及质量提出要求。第 9 章对市级公共图书馆信息化建设的管理制度、基础设施建设、软件系统建设、系统运行与维护、网络安全与信息安全的工作内容与质量提出要求。第 10 章对市级公共图书馆在开展市级图书馆服务体系建设、业务指导、业务合作、学会工作、社会合作等工作的内容规范和质量提出要求。第 11 章对市级公共图书馆的业务管理与研究中开展的业务管理制度建设、业务规划与计划、业务考核与评估、业务研究、业务培训、业务数据统计、业务档案管理及标识管理工作的内容予以规范，并提出质量要求。

此外，本部分还附 1 个资料性附录 A，给出了市级公共图书馆业务指标体系表。

【规范性引用文件】

GB/T 3792.2　普通图书著录规则

GB/T 3792.3　文献著录　第 3 部分：连续性资源

GB/T 3792.4　文献著录　第 4 部分：非书资料

GB/T 3792.7　古籍著录规则

GB/T 3792.9　文献著录　第 9 部分：电子资源

GB/T 3860　文献主题标引规则

GB 18030　信息技术　中文编码字符集

GB/T 21712　古籍修复技术规范与质量要求

GB/T 22239　信息安全技术　网络安全等级保护基本要求

GB/T 27703　信息与文献　图书馆和档案馆的文献保存要求

GB/T 28220　公共图书馆服务规范

GB/Z 28828　信息安全技术　公共及商用服务信息系统个人信息保护指南

GB/T 30227　图书馆古籍书库基本要求

GB/T 31219.2　图书馆馆藏资源数字化加工规范　第 2 部分：文本资源

GB/T 31219.3　图书馆馆藏资源数字化加工规范　第 3 部分：图像资源

GB/T 31219.4　图书馆馆藏资源数字化加工规范　第 4 部分：音频资源

GB/T 31219.5　图书馆馆藏资源数字化加工规范　第 5 部分：视频资源

GB/T 33286　中国机读书目格式

GB/T 35660（所有部分）　信息与文献　图书馆射频识别（RFID）

GB/T 36719　图书馆视障人士服务规范

GB/T 36720　公共图书馆少年儿童服务规范

GB 50174　数据中心设计规范

GB 50462　数据中心基础设施施工及验收规范

JGJ 38　图书馆建筑设计规范

WH/T 21　古籍普查规范

WH/T 22　古籍特藏破损定级标准

WH/T 47　图书馆数字资源统计规范

WH/T 71　图书馆参考咨询服务规范

WH/T 74　图书馆行业条码

WH/T 76—2016　流动图书车车载装置通用技术条件

建标 108　公共图书馆建设标准

Z39.50　信息检索应用服务定义和协议规范（American national standard information retrieval application service definition and protocol specification for open system interconnection）

【修订情况】

无

WH/T 87.3—2019　公共图书馆业务规范　第3部分：县级公共图书馆

【标 准 号】WH/T 87.3—2019

【标准名称】公共图书馆业务规范　第3部分：县级公共图书馆

【英文名称】Public library professional work specifications—Part 3：County public library

【标准类别】管理标准

【行业分类】文化、体育和娱乐业

【采标情况】无

【发布时间】2019-09-04

【实施时间】2019-09-04

【技术归口】全国图书馆标准化技术委员会

【起草单位】首都图书馆、深圳图书馆、天津市和平区图书馆、国家图书馆

【起 草 人】邓菊英、张岩、王林、张娟、陈人语、余胜英、李金玲、贾蔷、胡洁

【范　　围】

WH/T87的本部分给出了县级公共图书馆业务规范。这些基本规范分为文献采集，文献组织，文献保存、保护与修复，读者服务，信息化建设，协作协调，业务管理与研究7个方面。

本部分适用于规范县级公共图书馆主要业务工作的内容和质量，同时也为县级公共图书馆的业务工作考核提供依据，为第三方评估提供参考。

县级公共图书馆，包括实行总分馆体系的县级公共图书馆，其他同级或规模较小的图书馆可参照执行。

【主要内容】

WH/T 87的本部分正文共包括11章，分别是：范围，规范性引用文件，术语和定义，总则，文献采集，文献组织，文献保存、保护与修复，读者服务，信息化建设，协作协调，业务管理与研究。

其中，第3章界定了适用于本部分的县级公共图书馆、县级图书馆总分馆制等与县级公共图书馆各项业务有关的43个术语及其规范定义。第4章明确了县级公共图书馆作为单馆和区域公共图书馆服务体系组成部分的业务工作核心范畴，并阐释了本部分的内容构成：从“工作内容”和“质量要求”对业务工作予以规范。第5章对县级公共图书馆单馆和总分馆体系建设的文献采集制度建设、采集

方式、采集对象工作内容及质量提出要求。第 6 章对县级公共图书馆在文献组织工作中制度建设、文献编目、文献加工的内容及质量提出要求。第 7 章对县级公共图书馆在文献保存、保护与修复的制度建设，文献保存、文献保护与修复工作的内容及质量提出要求。第 8 章对读者服务制度建设、读者管理、文献借阅服务、信息检索服务、参考咨询服务、社会教育服务、数字资源服务、政府信息公开服务、地方文献服务、特殊群体服务和流动与自助服务等各工作内容及质量提出要求。第 9 章规范了对县级公共图书馆本馆及对区域公共图书馆服务体系建设中信息化建设管理制度、基础设施建设、软件系统建设、系统运行与维护、网络安全与信息安全的工作内容与质量要求。第 10 章对县级公共图书馆在开展协作协调、推进区域图书馆服务体系、业务指导、业务合作、社会合作等工作的内容规范和质量提出要求。第 11 章对县级公共图书馆的业务管理与研究中开展的业务管理制度建设、业务规划与计划、业务考核与评估、业务研究、业务培训、业务数据统计、业务档案管理及标识管理工作的内容予以规范，并提出质量要求。

此外，本部分还附 1 个资料性附录 A，给出了县级公共图书馆业务指标体系表。

【规范性引用文件】

GB/T 3792.2　普通图书著录规则

GB/T 3792.3　文献著录　第 3 部分：连续性资源

GB/T 3792.4　文献著录　第 4 部分：非书资料

GB/T 3860　文献主题标引规则

GB/T 22239　信息安全技术　网络安全等级保护基本要求

GB/T 27703　信息与文献　图书馆和档案馆的文献保存要求

GB/T 28220　公共图书馆服务规范

GB/Z 28828　信息安全技术　公共及商用服务信息系统个人信息保护指南

GB/T 30227　图书馆古籍书库基本要求

GB/T 31219.2　图书馆馆藏资源数字化加工规范　第 2 部分：文本资源

GB/T 31219.3　图书馆馆藏资源数字化加工规范　第 3 部分：图像资源

GB/T 31219.4　图书馆馆藏资源数字化加工规范　第 4 部分：音频资源

GB/T 31219.5　图书馆馆藏资源数字化加工规范　第 5 部分：视频资源

GB/T 33286　中国机读书目格式

GB/T 35660（所有部分）　信息与文献　图书馆射频识别（RFID）

GB/T 36719　图书馆视障人士服务规范

GB/T 36720　公共图书馆少年儿童服务规范

GB 50174　数据中心设计规范

GB 50462　数据中心基础设施施工及验收规范

JGJ 38　图书馆建筑设计规范

WH/T 22　古籍特藏破损定级标准

WH/T 47　图书馆数字资源统计规范

WH/T 71　图书馆参考咨询服务规范

WH/T 74　图书馆行业条码

WH/T 76—2016　流动图书车车载装置通用技术条件

建标 108　公共图书馆建设标准

ISO 2709　信息和文献　信息交换格式（Information and documentation—Format for information exchange）

Z39.50　信息检索应用服务定义和协议规范（American national standard information retrieval application service definition and protocol specification for open system interconnection）

【修订情况】

无

WH/T 88—2020　图书馆古籍虫霉防治指南

【标 准 号】WH/T 88—2020

【标准名称】图书馆古籍虫霉防治指南

【英文名称】Guidelines for the pest and mould prevention and control of ancient books in libraries

【标准类别】方法标准

【行业分类】文化、体育和娱乐业

【采标情况】无

【发布时间】2020-03-06

【实施时间】2020-04-01

【技术归口】全国图书馆标准化技术委员会

【起草单位】中国古籍保护协会、广东省立中山图书馆（广东省古籍保护中心)、珠海市利高斯发展有限公司

【起 草 人】梁爱民、倪俊明、刘家真、田周玲、魏正光、张淑琼、吴小兰、王红蕾、陶敏娟

【范　　围】

本标准规定了古籍虫霉防治的技术条件、操作方法和安全防护要求。

本标准主要适用于指导各类图书馆及其他古籍收藏机构开展古籍和古籍库房的虫霉防治工作。

【主要内容】

本标准正文共包括6章，分别是：范围、规范性引用文件、术语和定义、古籍虫霉的预防、古籍害虫除治方法及适用条件、古籍霉菌除治方法及适用条件。

其中，第3章界定了适用于本标准的13个术语及其规范定义。第4章给出了古籍在接收入库前，整理、阅览和修复中以及保存过程中的虫霉预防要求。第5章规定了古籍害虫除治的物理方法和化学方法，并明确给出不同方法的适用条件。第6章提出了古籍霉菌除治方法和适用条件，并对中毒类除治方法给出警示提醒。

【规范性引用文件】

GB/T 30227—2013　图书馆古籍书库基本要求

GB/T 35661　图书冷冻杀虫技术规程

DA/T 35　档案虫霉防治一般规则

【修订情况】

无

WH/T 89—2020　公共图书馆总分馆业务规范

【标 准 号】WH/T 89—2020

【标准名称】公共图书馆总分馆业务规范

【英文名称】Main - branch library system of public library professional work specifications

【标准类别】管理标准

【行业分类】文化、体育和娱乐业

【采标情况】无

【发布时间】2020 - 09 - 01

【实施时间】2021 - 01 - 01

【技术归口】全国图书馆标准化技术委员会

【起草单位】国家图书馆、广州图书馆、杭州图书馆

【起 草 人】申晓娟、汪东波、方家忠、应晖、胡洁、王天乐、杨凡、刘宇初、陈深贵、屠淑敏、陈丽纳、周旭鹏、张诗阳、寿晓辉、周远、周宇麟

【范　　围】

本标准规定了我国公共图书馆总分馆体系的设置及总馆、分馆和服务点所承担的不同职责，并在此基础上提出了总分馆建设中所涉及的相关业务，包括总分馆体系读者服务、文献资源建设、信息化建设、业务管理中的工作内容和质量要求。

本标准适用于我国公共图书馆总分馆各项业务工作，其他类型的图书馆合作体可参考使用。

【主要内容】

本标准正文共包括 9 章，分别是：范围、规范性引用文件、术语和定义、总则、总分馆体系的设置及职能定位、读者服务、文献资源建设、信息化建设与管理、业务管理。

其中，第 3 章界定了总分馆体系、总馆、分馆、服务点、中心馆、乡镇（街道）综合文化站、村（社区）综合性文化服务中心、农家书屋、流动服务、通借通还、自助服务、统一认证、统一采购、统一编目、统一配送、统一培训以及文献联合处置共 17 个术语并给出规范定义。第 4 章提出了本标准的内容构成及标准应用的总则要求，并给出了具体业务工作参考标准的依据。第 5 章规范了总分馆体系的设置构成、总馆和分馆分别承担的职能要求。第 6 章提出了总分馆体系对读者服务的制度建设、读者管理、通借通还服务、联合参考咨询服务、联合社会

教育服务、统一数字服务、流动与自助服务和服务信息公开几方面的工作内容和质量要求。第 7 章提出了总分馆文献资源建设中制度建设、统一采购、统一编目与加工、统一配送、文献资源保管与保存工作的具体内容及质量要求。第 8 章规范了总分馆信息化建设与管理的制度建设、应用系统统一建设、系统运行与维护、数据的统一建设与管理具体工作内容和质量要求。第 9 章对总分馆业务管理部分的制度建设、统一规划与计划、统一标准、业务数据统计及年报、业务档案管理、统一培训、统一标识管理和统一考评制定了具体的工作内容和质量要求。

【规范性引用文件】

GB/T 27703　信息与文献　图书馆和档案馆的文献保存要求

GB/Z 28828　信息安全技术　公共及商用服务信息系统个人信息保护指南

GB/T 32003　科技查新技术规范

JGJ 38　图书馆建筑设计规范

WH/T 71　图书馆参考咨询服务规范

WH/T 76　流动图书车车载装置通用技术条件

WH/87.1　公共图书馆业务规范　第 1 部分：省级公共图书馆

WH/87.2　公共图书馆业务规范　第 2 部分：市级公共图书馆

WH/87.3　公共图书馆业务规范　第 3 部分：县级公共图书馆

【修订情况】

无

WH/T 90—2020　汉文古籍文字认同描述规范

【标 准 号】WH/T 90—2020

【标准名称】汉文古籍文字认同描述规范

【英文名称】Unity description for Chinese character identification

【标准类别】方法标准

【行业分类】文化、体育和娱乐业

【采标情况】无

【发布时间】2020-09-01

【实施时间】2021-01-01

【技术归口】全国图书馆标准化技术委员会

【起草单位】国家图书馆、天津图书馆、汉王科技股份有限公司

【起 草 人】王昭、陈红彦、谢冬荣、萨仁高娃、李国庆、潘慧敏、肖禹、张毅、白帆、杜立功、赵依澍、江世盛、孟晓静、王战波

【范　　围】

本标准规定了汉文古籍文字认同描述的元数据、文字认同规则描述以及文字认同实例描述的内容、结构及各要素的描述规则。

本标准适用于图书馆及相关机构开展汉文古籍数字化工作中对文字认同过程和结果进行描述。民国时期文献的文字认同可参考执行。

【主要内容】

本标准正文共包括 4 章，分别是：范围、术语和定义、文字认同描述的基本原则、文字认同描述数据。

其中，第 2 章界定了适用于本标准的 7 个术语及其规范定义表述。第 3 章提出了文字认同描述应遵循的客观性、一致性、适用性、灵活性和可扩展性 5 个原则。第 4 章规范了文字认同描述数据包含的文字认同描述元数据、文字认同规则描述数据、文字认同实例描述数据内涵，并约定了各类型数据的字段名，列表给出字段的说明和注释。

【规范性引用文件】

无

【修订情况】

无

WH/T 91—2020 汉文古籍集外字描述规范

【标 准 号】 WH/T 91—2020

【标准名称】 汉文古籍集外字描述规范

【英文名称】 Guidelines for Description of Gaiji

【标准类别】 方法标准

【行业分类】 文化、体育和娱乐业

【采标情况】 无

【发布时间】 2020-09-01

【实施时间】 2021-01-01

【技术归口】 全国图书馆标准化技术委员会

【起草单位】 国家图书馆、天津图书馆、北京汉王数字科技有限公司

【起 草 人】 白帆、陈红彦、张毅、王昭、杜立功、赵依澍、周升川、肖禹、谢冬荣、萨仁高娃、李国庆、李志峰、潘慧敏、江世盛、刘正珍、王晓健、王战波

【范　　围】

本标准规范了汉文古籍集外字描述的基本原则、集外字拆分流程和描述数据结构。

本标准适用于汉文古籍数字化过程中对汉字集外字描述。

【主要内容】

本标准正文共包括 8 章，分别是：范围、术语和定义、集外字描述基本原则、表意文字描述序列（IDS）语法规则、表意文字描述序列（IDS）的扩展、集外字拆分原则、集外字拆分流程、汉字集外字描述数据的结构。

其中，第 2 章界定了适用于本标准的 5 个术语及其规范定义表述。第 3 章提出集外字描述应遵循的基本原则：客观性、唯一性和可扩展性。第 4 章规范了表意文字描述序列（IDS）的语法规则，列表给出了表意文字描述符（IDC）及对应例字。第 5 章提出了表意文字描述序列（IDS）的扩展规则。第 6 章明确集外字拆分可依据需求选择以字源为依据进行拆分或以字形为依据进行拆分，也可选择两者兼顾。但在指定范围内，拆分依据应统一。第 7 章给出了集外字拆分应符合的流程要求。第 8 章列表说明了汉字集外字描述数据的必备字段。

【规范性引用文件】

无

【修订情况】

无

WH/T 95—2022　图书馆民国时期文献特藏书库基本要求

【标 准 号】 WH/T 95—2022

【标准名称】 图书馆民国时期文献特藏书库基本要求

【英文名称】 Basic requirement of repository for the Republic of China era documents and special collections in libraries

【标准类别】 管理标准

【行业分类】 文化、体育和娱乐业

【采标情况】 无

【发布时间】 2022-01-29

【实施时间】 2022-04-29

【技术归口】 全国图书馆标准化技术委员会

【起草单位】 国家图书馆、南京图书馆、辽宁省图书馆

【起 草 人】 田周玲、陈红彦、毛雅君、马静、陈立、刘冰、任珊珊、闫智培、周川富

【范　　围】

本文件规定了民国时期文献库房的温湿度、光照和空气质量要求，并对民国时期文献库房的有害生物防治、书柜装具、消防和安防、建筑等要求给出了指导意见。

本文件适用于规范收藏有民国时期文献的各类型图书馆书库的基本条件要求，其他民国时期文献收藏机构也可参照使用。

【主要内容】

本文件正文共包括10章，分别是：范围、规范性引用文件、术语和定义、温湿度要求、光照要求、空气质量要求、有害生物防治、装具要求、消防和安防要求、建筑要求。

其中，第3章界定了适用于本文件的20个术语及其规范定义表述。第4章对保存民国时期文献库房的温湿度给出具体数值要求，并对库房的温湿度设备配备提出要求。第5章对保存民国时期文献库房的光照设备配备、光照强度、光照性质都给出具体规范要求。第6章给出了民国时期文献库房空气质量要求的具体指标，对保存民国时期文献库房的通风系统、空气质量监测管理制定了具体要求。第7章提出了民国时期文献库房中为应对有害生物防治的建设、管理要求。第8章对存放民国时期文献的装具材质的耐腐性、酸碱度、稳定性和耐磨性给出了具

体指标要求。第 9 章对保存民国时期文献库房的消防和安防提出规范并给出了应遵循的标准依据。第 10 章对书库的建筑设计提出要求并给出了应遵循的标准依据。

【规范性引用文件】

GB/T 18204.2　公共场所卫生检验方法　第 2 部分：化学污染物

GB/T 18883　室内空气质量标准

GB 50011　建筑抗震设计规范

GB 50016　建筑设计防火规范

GB 50098　人民防空工程设计防火规范

GB 50108　地下工程防水技术规范

GB 50140　建筑灭火器配置设计规范

GB 50176　民用建筑热工设计规范

GB 50225　人民防空工程设计规范

GB 50736　民用建筑供暖通风与空气调节设计规范

HJ 479　环境空气　氮氧化物（一氧化氮和二氧化氮）的测定　盐酸萘乙二胺分光光度法

HJ 482　环境空气　二氧化硫的测定　甲醛吸收-副玫瑰苯胺分光光度法

JGJ 38　图书馆建筑设计规范

【修订情况】

无

WH/T 96—2022　公共图书馆年度报告编制指南

【标 准 号】 WH/T 96—2022

【标准名称】 公共图书馆年度报告编制指南

【英文名称】 Guidelines for the compilation of annual reports of public libraries

【标准类别】 管理标准

【行业分类】 文化、体育和娱乐业

【采标情况】 无

【发布时间】 2022-01-29

【实施时间】 2022-04-29

【技术归口】 全国图书馆标准化技术委员会

【起草单位】 广州市图书馆学会、国家图书馆、广州图书馆、中山大学

【起 草 人】 方家忠、申晓娟、肖鹏、肖红凌、席涛、李丹、张若冰、王薇、潘颖、马涛、刘冰雪、陈深贵、陈丽纳、肖秉杰

【范　　围】

本文件规定了公共图书馆年度报告编制的原则、方法、程序及主要内容。

本文件适用于县级以上人民政府设立的公共图书馆以及公共图书馆总分馆体系年度报告的编制工作，其他类型图书馆或相关机构可参照使用本文件。

【主要内容】

本文件正文共包括7章，分别是：范围、规范性引用文件、术语和定义、总则、编制原则、编制方法、年度报告内容。

其中，第3章规范界定了适用于本文件的7个术语定义。第4章提出了公共图书馆年度报告制度建立的对象，以及公共图书馆和总分馆体系的年度报告编制主体责任及数据来源的总体原则。第5章提出了年度报告编制应遵循的客观准确、系统完整、稳定连续、易读易用和及时公开原则。第6章详细规范了年度报告的编制方法，包括编制主体、编制程序、信息收集整理规范、数据统计分析规范、图文编辑规范、审核与校对、装帧设计规范、存档与发布。第7章规范了年度报告的内容，包括简况、年度总结、用户服务、文献信息、信息化建设、重点工作、统计资料汇总表、用户调查报告、大事记、其他馆务内容及下一年度工作计划。

【规范性引用文件】

GB/T 13191—2009　信息与文献　图书馆统计

WH/T 47—2012　图书馆数字资源统计规范

WH/T 70—2020（所有部分）　公共图书馆评估指标

WH/T 87—2019（所有部分） 公共图书馆业务规范
WH/T 89—2020 公共图书馆总分馆业务规范

【修订情况】

无

WH/T 100—2023 汉文古籍版式描述规范

【标 准 号】 WH/T 100—2023

【标准名称】 汉文古籍版式描述规范

【英文名称】 The format description for Chinese ancient books

【标准类别】 方法标准

【行业分类】 文化、体育和娱乐业

【采标情况】 无

【发布时间】 2023-09-09

【实施时间】 2023-12-09

【技术归口】 全国图书馆标准化技术委员会

【起草单位】 国家图书馆、天津图书馆、北京汉王数字科技有限公司

【起 草 人】 肖禹、陈红彦、张毅、董馥荣、李志峰、胡艳杰、白帆、王昭、杜立功、赵依澍、周升川、潘慧敏、谢冬荣、萨仁高娃、李国庆、江世盛、刘正珍、王晓健、王战波

【范 围】

本文件对汉文古籍版式描述进行了规范，给出了版式描述的规范性要求。

本文件适用于对汉文古籍文本化加工结果的描述。

【主要内容】

本文件正文共包括 5 章，分别是：范围、规范性引用文件、术语和定义、基本原则、汉文古籍版式描述。

其中，第 3 章界定了适用于本文件的 8 个术语及其规范定义表述。第 4 章阐释了汉文古籍版式描述应遵循的客观描述、描述唯一、易实现、可扩展基本原则。第 5 章规范了汉文古籍版式描述存放目录结构及目录中内容，提出了基于 XML 的版式描述的版式 XML 文件标签和书叶 XML 文件标签的构成及定义、用法。

【规范性引用文件】

GB/T 3792—2021 信息与文献 资源描述

GB/T 4894—2009 信息与文献 术语

GB/T 18793—2002 信息技术 可扩展置标语言（XML）1.0

GB/T 21712—2008 古籍修复技术规范与质量要求

GB/T 31219.2—2014 图书馆馆藏资源数字化加工规范 第 2 部分：文本资源

【修订情况】

无

WH/T 101—2024 图书馆志愿服务管理指南

【标 准 号】 WH/T 101—2024

【标准名称】 图书馆志愿服务管理指南

【英文名称】 Guidelines for library volunteer service and management

【标准类别】 管理标准

【行业分类】 文化、体育和娱乐业

【采标情况】 无

【发布时间】 2024-07-22

【实施时间】 2024-10-22

【技术归口】 全国图书馆标准化技术委员会

【起草单位】 中国图书馆学会、江苏省盐城市图书馆

【起 草 人】 霍瑞娟、王雁行、石慧、郭万里、黄兴港、戈建虎、李霞、吴莹莹、刘捷、刘青、王智芹

【范　　围】

本文件规定了图书馆志愿服务管理的原则、组织保障、志愿者管理、服务活动类型以及内容和管理规范等。

本文件适用于图书馆志愿服务管理，与图书馆志愿服务有关的活动可参考使用。

【主要内容】

本文件正文共包括8章，分别是：范围、规范性引用文件、术语和定义、原则、组织保障、志愿者管理、服务活动类型以及内容、管理准则。

其中，第3章界定了适用于本文件的8个术语及其规范定义表述。第4章给出了志愿服务管理的自愿原则、无偿原则、平等原则、诚信原则和合法原则的具体内容。第5章对志愿服务管理组织保障提出在组织设立、组织职责、规章制度、标识标牌部分中的要求。第6章对志愿者管理提出了人员条件要求，并对招募、注册、培训的管理过程以及服务要求、权益保障、评价与激励给出规范指导。第7章提出了图书馆志愿服务活动类型，并给出具体内容。第8章对志愿服务管理提出了管理的基本通则，并对志愿服务的档案管理和效果评价给出指导要求。

【规范性引用文件】

GB/T 40143—2021　志愿服务组织基本规范

MZ/T 148—2020　志愿服务基本术语

【修订情况】

无

三、地方标准

DB1402/T 07—2022　图书馆志愿服务规范

【标 准 号】DB1402/T 07—2022

【标准名称】图书馆志愿服务规范

【英文名称】Specification for library voluntary service

【标准类别】基础标准

【行业分类】公共管理、社会保障和社会组织

【采标情况】无

【发布时间】2022 - 12 - 22

【实施时间】2023 - 03 - 22

【技术归口】大同市文化和旅游标准化技术委员会

【起草单位】大同市图书馆（大同市少儿图书馆）、麦斯达夫（大同）标准技术服务有限公司

【起 草 人】陈来义、张燕、吕鑫、刘思宇、范闻岩、张曼、郑波、王钊柱

【范　　围】

本文件规定了图书馆志愿服务的一般要求、服务保障、服务内容及服务监督评价与改进。

本文件适用于图书馆志愿服务工作。

【主要内容】

本文件正文共分 7 章，包括范围、规范性引用文件、术语和定义、一般要求、服务保障、服务内容、服务监督评价与改进。

其中，第 3 章界定了适用于本文件的志愿服务、图书馆志愿服务和志愿者 3 个术语，并给出了规范定义表述。第 4 章指出了志愿服务应遵循的服务原则，明确了不应涉及商业经营活动，并符合 GB/T 28220—2011 的规定。第 5 章服务保障中分别从服务场所、安全保障、信息管理、激励保障、设施设备、人力资源 6 个方面提出规范要求，并给出了相关的标准依据。第 6 章服务内容中，参考相关

现行国家标准、行业标准内容，对咨询服务、指引服务、读者接待服务、图书借阅服务、特殊人群服务、社会公益服务提出规范要求。第7章对图书馆志愿服务的监督、评价与改进提出了规范要求。

【规范性引用文件】

GB/T 28220—2011　公共图书馆服务规范

GB/T 36719—2018　图书馆视障人士服务规范

GB/T 36720—2018　公共图书馆少年儿童服务规范

GB/T 39658—2020　公共图书馆读写障碍人士服务规范

GB/T 40143—2021　志愿服务组织基本规范

GB/T 40952—2021　公共图书馆听障人士服务规范

GB/T 40987.2—2021　公共图书馆业务规范　第2部分：市级公共图书馆

MZ/T 148—2020　志愿服务基本术语

【修订情况】

无

DB1410/T 108—2020 县级公共图书馆少年儿童服务质量要求

【标 准 号】DB1410/T 108—2020

【标准名称】县级公共图书馆少年儿童服务质量要求

【英文名称】无

【标准类别】通用标准

【行业分类】文化、体育和娱乐业

【采标情况】无

【发布时间】2020－12－02

【实施时间】2020－12－02

【技术归口】临汾市旅游服务标准化专家组

【起草单位】曲沃县图书馆

【起 草 人】何芳、邢小芳、杨华、董洁蕊

【范　　围】

本文件规定了县级公共图书馆少年儿童服务质量的总体要求、服务方式、服务内容、服务保障。

本文件适用于县级公共图书馆少年儿童的服务。

【主要内容】

本文件正文共包括7章，分别是：范围、规范性引用文件、术语和定义、总体要求、服务方式、服务内容、服务保障。

其中，第3章提出GB/T 36720界定的术语和定义适用于本文件，并在术语定义中，根据年龄的差别对儿童读者、少年读者作了区分。第4章提出了县级公共图书馆对少年儿童读者服务应符合GB/T 36720以及WH/T 87.3—2019第8.11.2条的要求。第5章提出了县级公共图书馆对少年儿童开展的基本服务、个性化服务、合作共享和新媒体服务四大服务方式与内容。第6章明确了阅读服务、主题讲座活动、公益电影活动、阅读推广活动、其他类型活动和数字阅读与体验活动等服务具体内容及服务要求。第7章提出了县级公共图书馆为保证少年儿童服务的有序开展，从馆舍条件、人员数量和技能、专项经费设置、专门的馆藏资源配置及安全条件等方面设立的服务保障要求。

【规范性引用文件】

GB/T 36720　公共图书馆少年儿童服务规范

WH/T 87.3—2019　公共图书馆业务规范　第3部分：县级公共图书馆

【修订情况】

无

DB1410/T 109—2020 突发公共卫生事件县级公共图书馆应急防疫管理要求

【标 准 号】DB1410/T 109—2020

【标准名称】突发公共卫生事件县级公共图书馆应急防疫管理要求

【英文名称】无

【标准类别】管理标准

【行业分类】文化、体育和娱乐业

【采标情况】无

【发布时间】2020－12－02

【实施时间】2020－12－02

【技术归口】临汾市旅游服务标准化专家组

【起草单位】曲沃县图书馆、临汾市质量技术监督检验测试所

【起 草 人】何芳、邢小芳、张辉、杨华、董洁蕊

【范　　围】

本文件规定了县级公共图书馆应对突发公共卫生事件（呼吸道传染类）疾病应急管理要求的总体要求、应急防疫管理组织机构、闭馆期间应急防疫管理、恢复开馆应急防疫管理。

本文件适用于县级公共图书馆突发公共卫生事件（呼吸道传染类）疫情防控期间图书馆应急防疫管理工作。

【主要内容】

本文件正文共包括7章，分别是：范围、规范性引用文件、术语和定义、总体要求、应急防疫管理组织机构、闭馆期间应急防疫管理、恢复开馆应急防疫管理。

其中，第3章明确本文件没有需要界定的术语和定义。第4章提出县级公共图书馆应对突发公共卫生事件疾病应急管理应符合“统一领导、预防为主，快速反应、措施果断”的总体要求及相关详细要求。第5章提出了应急防疫管理组织机构的组成，分别明确了其职责分工。第6章详细说明了闭馆期间应急防疫管理，包括防疫宣传、工作人员管理、防疫物资管理、防疫消毒、线上读者服务等要求。第7章提出了恢复开馆应急防疫管理的基本要求，给出了恢复开馆准备、恢复开馆动态管理及工作人员职责的要求细则。

此外，本文件还有1个资料性附录。附录A以图示方式，对预约入馆的流程给出指导。

【规范性引用文件】

DB14/T 1984.2　新型冠状病毒肺炎疫情防控消毒技术指南　第 2 部分：公共场所

【修订情况】

无

DB21/T 2986.6—2018　公共场所风险等级与安全防护　第6部分：图书场馆

【标 准 号】DB21/T 2986.6—2018

【标准名称】公共场所风险等级与安全防护　第6部分：图书场馆

【英文名称】Level of risk and safety protection in public places—Part 6：Library facilities

【标准类别】技术标准

【行业分类】公共管理、社会保障和社会组织

【采标情况】无

【发布时间】2018-06-30

【实施时间】2018-07-30

【技术归口】辽宁省公安厅

【起草单位】辽宁省公安厅内保总队、辽宁省标准化研究院、辽宁交通高等专科学校、沈阳航空航天大学

【起 草 人】李一峰、宫锡强、杨丹、梁大为、曲波、阎峰、张洪刚、王昆鹏、韩先一、马吉松、蒙刚

【范　　围】

本标准规定了图书场馆安全技术防范系统的术语和定义、系统设计和施工要求、检验、验收和维护。

本标准适用于辽宁省图书场馆的安全技术防范系统，博物馆、文化馆等场馆可参照此标准。

【主要内容】

本标准正文共包括5章，分别是：范围，规范性引用文件，术语和定义，系统设计和施工要求，检验、验收和维护。

其中，第3章界定了适用于本标准的图书场馆、安全技术防范2个术语及其规范定义。第4章提出了图书场馆安全技术防范系统的总体要求，并从视频安防监控系统、入侵报警系统、出入口控制系统、来电显示和电话录音系统、电子巡查系统、安防中心控制室和消防安全几个方面界定了图书场馆安全技术防范系统的组成，提出设计施工的要求。第5章提出了图书馆安全技术防范系统的检验、验收和维护要求，并给出了应符合的标准依据。

此外，本标准还另附1个资料性附录A，列出了图书场馆安全技术防范系统基本配置的项目和要求。

【规范性引用文件】

GB 10408.1　入侵探测器　第 1 部分：通用要求

GB 10408.3　入侵探测器　第 3 部分：室内用微波多普勒探测器

GB 10408.4　入侵探测器　第 4 部分：主动红外入侵探测器

GB 10408.5　入侵探测器　第 5 部分：室内用被动红外入侵探测器

GB 10408.6　微波和被动红外复合入侵探测器

GB/T 10408.8　振动入侵探测器

GB 12663　防盗报警控制器通用技术条件

GB 15209　磁开关入侵探测器

GB 50198　民用闭路监视电视系统工程技术规范

GB 50348　安全防范工程技术规范

GA/T 72　楼寓对讲电控安全门统计技术条件

GA/T 75　安全防范工程程序与要求

GA 308　安全防范系统验收规则

GA/T 367　视频安防监控系统技术要求

GA/T 368　入侵报警系统技术要求

GA/T 394　出入口控制系统技术要求

【修订情况】

无

DB21/T 3837—2023 公共图书馆适老服务规范

【标 准 号】DB21/T 3837—2023

【标准名称】公共图书馆适老服务规范

【英文名称】Specification for public libraries aging services

【标准类别】方法标准

【行业分类】水利、环境和公共设施管理业

【采标情况】无

【发布时间】2023-09-30

【实施时间】2023-10-30

【技术归口】辽宁省文化和旅游厅

【起草单位】辽宁省图书馆（辽宁省古籍保护中心）、辽宁省检验检测认证中心（辽宁省标准化研究院）

【起 草 人】杜希林、姚杰、王方园、芦艺、邱学思、李亚冰、赵瑞、叶松、韩燕妮

【范　　围】

本文件规定了公共图书馆适老服务的术语和定义、适老化建设、文献资源、人力资源、服务内容与形式、服务要求、服务宣传、制度与保障、服务监督、评价与改进的要求。

本文件适用于公共图书馆的适老化规划、建设与适老服务提供。

【主要内容】

本文件正文共包括11章，分别是：范围，规范性引用文件，术语和定义，适老化建设，文献资源，人力资源，服务内容与形式，服务要求，服务宣传，制度与保障，服务监督、评价与改进。

其中，第3章界定了适用于本文件的5个术语及其规范定义。第4章提出了适老化建设中涉及的场馆建设、环境建设、设施设备配置的要求，并分级给出了场馆中适老阅读空间面积和阅览室坐席数量的指标。第5章提出了各级公共图书馆文献资源适老化服务建设中采集大字读物、有声读物及无障碍影视作品的量化要求。第6章提出了适老服务中从业人员的数量、人员素养、教育培训及志愿者队伍建设的要求。第7章提出了公共图书馆开展适老服务的原则，并规范了应提供适老服务的内容和服务形式。第8章明确了各级公共图书馆适老阅读空间的服务时间，给出了服务告示内容和方式，提出了向老年人提供的资源推介形式，明确了老年读者服务指标。第9章提出了老年读者服务宣传途径、宣传活动。第10

章明确了适老服务中公共图书馆制度与保障措施建设的内容。第 11 章详细规定了适老服务中服务监督的方式，提出了服务评价的内容以及持续改进的措施。

【规范性引用文件】

GB/T 28220—2023　公共图书馆服务规范

GB/T 31015　公共信息导向系统　基于无障碍需求的设计与设置原则

GB 50763　无障碍设计规范

JGJ 38—2015　图书馆建筑设计规范

JGJ 450—2018　老年人照料设施建筑设计标准

YD/T 1761　网站设计无障碍技术要求

【修订情况】

无

DB22/T 3106—2020　医院图书馆管理规范

【标 准 号】 DB22/T 3106—2020

【标准名称】 医院图书馆管理规范

【英文名称】 Management specification for hospital libraries

【标准类别】 管理标准

【行业分类】 卫生和社会工作

【采标情况】 无

【发布时间】 2020-03-16

【实施时间】 2020-03-30

【技术归口】 吉林省卫生健康委员会

【起草单位】 吉林大学

【起 草 人】 伦志军、高歌、金愉、王玉玲、朱春凤、娄冬梅

【范　　围】

本标准规定了医院图书馆管理的总则、人员要求、馆舍、馆藏建设、读者服务。

本标准适用于二级、三级医院图书馆的管理。

【主要内容】

本标准正文共包括 8 章，分别是：范围、规范性引用文件、术语和定义、总则、人员要求、馆舍、馆藏建设、读者服务。

其中，第 3 章界定了适用于本标准的 4 个术语及其规范定义表述，提出“医院图书馆”是医院的文献信息中心，是为医疗、教学、科研、管理服务的专业技术部门。第 4 章给出了医院图书馆管理的总则，提出图书馆应具有与医院建设和发展相适应的工作制度，根据医疗、教学、科研和管理需要确定了服务宗旨。第 5 章规定了医院图书馆的馆长及馆员的人员要求。第 6 章提出了馆舍与医院核定床位数量匹配、电子阅览电脑与卫生技术人员人数对应要求、空间与设施设备要求。第 7 章提出了对馆藏建设中馆藏文献结构、书刊数量、数据库、馆藏分类、特色馆藏及书刊剔旧的管理要求和具体的指标要求。第 8 章规定了医院图书馆基本服务的开馆时间、基本服务方式的要求，并提出了检索和培训等拓展服务内容，以及提供统计分析、知识产权和医院管理的创新服务内容。

【规范性引用文件】

GB/T 28220　公共图书馆服务规范

WH/T 47　图书馆数字资源统计规范

【修订情况】

无

DB3205/T 1064—2023　公共图书馆分馆服务规范

【标 准 号】DB3205/T 1064—2023

【标准名称】公共图书馆分馆服务规范

【英文名称】Service specification for public branch libraries

【标准类别】其他标准

【行业分类】文化、体育和娱乐业

【采标情况】无

【发布时间】2023-03-29

【实施时间】2023-04-06

【归口单位】苏州市文化广电和旅游局

【起草单位】苏州图书馆

【起 草 人】接晔、金德政、费巍、沈晓祥、顾婷婷、陆秀萍

【范　　围】

本文件规定了公共图书馆分馆服务的总则、服务资源、服务效能、服务宣传、服务评价与改进等内容。

本文件适用于公共图书馆分馆服务，所述分馆仅包含镇（街道）、村（社区）两级，未涉及区（县）级分馆。

【主要内容】

本文件的正文共包括 8 章，分别是：范围、规范性引用文件、术语和定义、总则、服务资源、服务效能、服务宣传、服务评价与改进。

其中，第 3 章界定了适用于本文件的 5 个术语及其规范定义表述。第 4 章提出了在总分馆体系下，分馆工作开展的总则要求。第 5 章提出对分馆的馆舍建设及基本配置、人力资源管理和培训管理要求及具体指标。第 6 章提出分馆的服务时间应符合 WH/T 73—2016 的 6.5 的要求；对分馆开展的借阅服务、咨询服务、阅读推广服务、展览、书目推荐等服务项目给出了服务效能的内容与指标要求。第 7 章对分馆的服务宣传从导引标识、服务告示、馆藏揭示、活动推广 4 个方面提出要求。第 8 章明确了建立并实施分馆服务考核评估制度，提出逐步形成社会群众共同参与的监督管理体系，提出对服务内容、服务要求持续改进的要求。

【规范性引用文件】

GB/T 10001.1　标识用公共信息图形符号　第 1 部分：通用符号

GB/T 28220—2011　公共图书馆服务规范

WH/T 73—2016　社区图书馆服务规范

WH/T 89—2020　公共图书馆总分馆业务规范
建标 108—2008　公共图书馆建设标准
建标 160—2012　乡镇综合文化站建设标准
建标〔2008〕74 号　公共图书馆建设用地指标

【修订情况】

无

DB3206/T 1055—2023 县级公共图书馆阅读推广服务规范

【标 准 号】 DB3206/T 1055—2023

【标准名称】 县级公共图书馆阅读推广服务规范

【英文名称】 Specification for reading promotion service of county - level public libraries

【标准类别】 其他标准

【行业分类】 公共管理、社会保障和社会组织

【采标情况】 无

【发布时间】 2023 - 11 - 22

【实施时间】 2023 - 12 - 02

【归口单位】 南通市文化广电和旅游局

【起草单位】 如皋市图书馆

【起 草 人】 王小洁、蒋斌斌、吴志云、左菁、符雯

【范　　围】

本文件规定了县级公共图书馆阅读推广服务的总体原则、基本要求、队伍建设、服务内容和形式、特殊群体服务、服务流程、服务效能、服务监督与反馈等内容。

本文件适用于县级公共图书馆、图书馆分馆、阅读点的阅读推广服务。

【主要内容】

本文件正文共包括 11 部分，分别是：范围、规范性引用文件、术语和定义、总体原则、基本要求、队伍建设、服务内容及形式、特殊群体服务、服务流程、服务效能、服务监督与反馈。

其中，第 3 章界定了适用于本文件的阅读推广、阅读推广人及服务效能 3 个术语及其规范定义表述。第 4 章提出县级公共图书馆开展阅读推广服务以公益性、精准化、均等性和长效性为总体原则。第 5 章提出了对阅读推广服务的基本要求：宣传阅读活动、扩大社会影响；结合各种主题、打造特色品牌；带动分馆行动、促进深度阅读；挖掘独特内涵、彰显区域文化。第 6 章规定了阅读推广服务人员队伍组成、人员素质要求、数量要求、管理保障的队伍建设细致要求。第 7 章提出了在开展专题文献服务、主题讲座服务、主题展览服务、培训辅导服务、数字阅读服务、资源共享服务、主题节日服务、融合发展服务、互动体验服务等服务形式中服务内容的要求。第 8 章提出了服务的基本通则要求，分别对未成年人、

老年人、残疾人和流动人口提出开展阅读推广服务的方式和内容。第 9 章规范了阅读推广服务的流程，包括活动策划、撰写方案、发布预告、活动组织、活动实施、宣传报道、活动评估及总结归档。第 10 章规定了对各形式的阅读推广服务服务效能量化指标。第 11 章提出了各类阅读推广活动的服务监督与反馈方式。

此外，另有 3 个资料性附录。附录 A 给出了公共图书馆阅读推广志愿者申请表样例；附录 B 给出了阅读推广活动项目申请表样例；附录 C 给出了读者意见簿格式样例。

【规范性引用文件】

无

【修订情况】

无

DB33/T 2011—2016　公共图书馆服务规范

【标 准 号】DB33/T 2011—2016

【标准名称】公共图书馆服务规范

【英文名称】Public library service specifications

【标准类别】管理标准

【行业分类】水利、环境和公共设施管理业

【采标情况】无

【发布时间】2016－05－26

【实施时间】2016－06－26

【归口单位】浙江省文化厅

【起草单位】浙江图书馆

【起 草 人】徐洁、胡东、施莹、刘春雷、钱彦、王晓琳、项羽婷

【范　　围】

本标准规定了公共图书馆的设施设备、服务资源、服务内容、服务效能、服务管理和服务监督。

本标准适用于省、市、县（市、区）公共图书馆、乡镇（街道）图书馆分馆（室）、村（社区）图书室。少年儿童图书馆可参照执行。

【主要内容】

本标准正文共包括8部分，分别是：范围、规范性引用文件、设施设备、服务资源、服务内容、服务效能、服务管理、服务监督。

其中，第3章提出了公共图书馆、分馆的设置要求，并对建筑面积、计算机数量、网络与宽带接入给出了量化要求。第4章分别对文献资源、服务人员两大类服务资源提出规范要求。第5章界定了阅览服务、流通服务、阅读推广、数字服务、讲座服务、展览服务、咨询服务、未成年人和特殊群体服务的具体服务内容，并给出量化指标。第6章规定了服务时间、馆际互借服务、流动服务、总分馆服务应具备的能力，并提出了对文献加工处理时间、开架图书排架正确率、文献提供响应时间、参考咨询响应时间的效率要求。第7章明确了统一标识、免费服务、服务告示、安全管理制度、业务管理制度、工作记录及统计和服务礼仪规范的各项管理相关要求。第8章给出了读者意见受理和读者满意率调查工作的要求。

【规范性引用文件】

GB/T 28220　公共图书馆服务规范

建标108　公共图书馆建设标准

【修订情况】

无

DB33/T 2180—2019 公共图书馆中心馆-总分馆建设服务规范

【标 准 号】 DB33/T 2180—2019

【标准名称】 公共图书馆中心馆-总分馆建设服务规范

【英文名称】 Construction and service specification for central - main - branch public library

【标准类别】 管理标准

【行业分类】 建筑业

【采标情况】 无

【发布时间】 2019 - 01 - 15

【实施时间】 2019 - 02 - 15

【技术归口】 浙江省文化和旅游厅

【起草单位】 嘉兴市文化广电新闻出版局、嘉兴职业技术学院、嘉兴市图书馆、国家公共文化服务体系示范区创新研究中心、浙江省标准化研究院

【起 草 人】 陈云飞、王显成、沈红梅、汪仕龙、顾金孚、刘靖、应珊婷

【范　　围】

本标准规定了公共图书馆中心馆-总分馆建设服务的术语和定义、建设原则、主要功能、设施建设、资源建设、服务提供、服务人员、运行管理等方面的要求。

本标准适用于公共图书馆中心馆-总分馆建设、服务。

【主要内容】

本标准正文共包括10章，分别是：范围、规范性引用文件、术语和定义、建设原则、主要功能、设施建设、资源建设、服务提供、服务人员、运行管理。

其中，第3章对公共图书馆、中心馆、总馆、分馆和基层流通点、区域服务人口数分别作了界定。第4章提出公共图书馆中心馆-总分馆建设原则是政府主导、社会参与，强化基层、促进均等，资源共享、优化服务，改革创新、提升效能。第5章分别规范了中心馆、总馆、分馆、基层流通点、场馆型自助图书馆和流动图书馆的主要功能。第6章提出了公共图书馆中心馆-总分馆设施建设的总体要求及各层级图书馆/服务点的建设要求。第7章按照图书文献资源、数字资源在公共图书馆中心馆-总分馆不同层级图书馆/服务点的配置要求，并提出公共图书馆中心馆-总分馆文献资源共建共享的实施要求。第8章服务提供中提出了免费开放的原则并结合各级图书馆/服务点提出不同的开放时间要求、服务内容及场次要求、服务告示及服务礼仪和志愿服务的相关要求。第9章提出了工作人员数量配

置比例要求，对各级图书馆/服务点工作人员的培训时长要求，工作人员管理及志愿者制度管理的要求。第10章对公共图书馆中心馆-总分馆的采编、借还、资源共建共享工作机制作了规范，要求公共图书馆中心馆-总分馆建立管理运行和协调机制并实行理事会制度，对公共图书馆中心馆-总分馆经费保障制度作了分级要求，并对实现需求管理与服务监督、绩效评价和安全管理制定了规范要求。

【规范性引用文件】

GB/T 28220　公共图书馆服务规范

DB33/T 2011　公共图书馆服务规范

JGJ 38　图书馆建筑设计规范

WH0502　公共图书馆建筑防火安全技术标准

建标 108　公共图书馆建设标准

建标〔2008〕74号　公共图书馆建设用地指标

【修订情况】

无

DB3302/T 1074—2018 乡镇（街道）图书馆建设与服务规范

【标 准 号】 DB3302/T 1074—2018

【标准名称】 乡镇（街道）图书馆建设与服务规范

【英文名称】 无

【标准类别】 方法标准

【行业分类】 公共管理、社会保障和社会组织

【采标情况】 无

【发布时间】 2018－06－21

【实施时间】 2018－06－21

【技术归口】 宁波市文广新闻出版局

【起草单位】 宁波市图书馆、华东师范大学、宁波市标准化研究院

【起 草 人】 金武刚、徐益波、胡一俊

【范　　围】

本标准规定了乡镇（街道）图书馆建设与服务规范的总则、资源保障、运营管理、服务提供、绩效评价。

本标准适用于乡镇（街道）图书馆的建设与服务提供。村（社区）和社会力量办的各类公共图书馆基层服务点可参照执行。

【主要内容】

本标准正文共包括 6 章，分别是：范围、总则、资源保障、运营管理、服务提供、绩效评价。

其中，第 2 章提出了乡镇（街道）图书馆设立运营、选址建设的总体原则要求，并明确了乡镇（街道）图书馆是县（区、市）域公共图书馆总分馆服务体系中的分馆职能。第 3 章资源保障对乡镇（街道）图书馆馆舍建设、阅览坐席等设施、馆配文献信息资源建设经费及不同馆藏总量及人均量、人员保障条件、信息技术条件和经费投入提出了要求。第 4 章从乡镇（街道）图书馆制度建设、功能布局、标识、资源采购与组织、宣传推广、需求反馈与评价、读者权益保护、人员管理、志愿者管理和延伸管理 10 个方面建立起运营管理标准体系。第 5 章对乡镇（街道）图书馆应具备的服务提供界定了内容要求、提出了量化指标，包括：服务原则、服务公示、开放时间、外借服务、咨询服务、数字服务、读者活动与终身教育、未成年人服务、老年人服务及延伸（流动）服务。第 6 章绩效评价中规定了对各项资源保障项目、服务绩效指标给出的说明及计算方法

和公式。

【规范性引用文件】

无

【修订情况】

本标准代替 DB3302/T 1074—2016。

DB3306/T 045—2022　公共图书馆数字媒体服务规范

【标 准 号】DB3306/T 045—2022

【标准名称】公共图书馆数字媒体服务规范

【英文名称】Public library digital media service specifications

【标准类别】管理标准

【行业分类】文化、体育和娱乐业

【采标情况】无

【发布时间】2022-06-24

【实施时间】2022-07-01

【技术归口】绍兴市文化广电旅游局

【起草单位】绍兴图书馆、绍兴市标准化研究院、绍兴市标准化协会、绍兴市招商投资促进中心、浙江工业职业技术学院

【起 草 人】那艳、廖晓飞、屠静琪、黄蓉、张瑛、郭培培、毛建灿、葛安凤、沈珊珊、张城龙、孙一栋、徐裁叶、惠相君、陈斌、季业成、郑文娟

【范　　围】

本文件规定了公共图书馆数字媒体的术语和定义、基本要求、服务内容、服务管理、服务评价等内容。

本文件适用于市、县两级公共图书馆利用数字媒体形态提供的线上服务。

【主要内容】

本文件共包括7章，分别是：范围、规范性引用文件、术语和定义、基本要求、服务内容、服务管理、服务评价。

其中，第3章明确了WH/T 87.2—2019界定的及本文件对“数字媒体”的定义为适用于本文件的术语和定义。第4章提出了公共图书馆开展数字媒体服务应具备数字媒体服务应用终端、数字媒体服务模块和数字资源库3类基本条件，并给出了每一类所含具体组成。第5章对图书馆开展的信息公开服务、文献借阅服务、数字资源服务、资源共享服务、参考咨询服务、社会教育服务、读者管理服务、特殊群体服务中涉及数字媒体的相关工作提出细致要求。第6章对数字媒体服务的管理分别从信息选择、内容维护、安全管理、数据统计、数据分析结果和宣传推广角度提出了规范性要求。第7章从读者意见受理、读者满意度调查和评价应用提出了图书馆对数字媒体服务的评价要求。

【规范性引用文件】

GB/T 39477　信息安全技术　政务信息共享　数据安全技术要求

WH/T 87.2—2019　公共图书馆业务规范　第 2 部分：市级公共图书馆

【修订情况】

无

DB3306/T 048—2022　公共图书馆阅读推广工作指南

【标 准 号】DB3306/T 048—2022

【标准名称】公共图书馆阅读推广工作指南

【英文名称】Guide to reading promotion of public libraries

【标准类别】管理标准

【行业分类】文化、体育和娱乐业

【采标情况】无

【发布时间】2022-09-30

【实施时间】2022-10-15

【技术归口】绍兴市文化广电旅游局

【起草单位】绍兴图书馆、绍兴市标准化研究院、绍兴市招商投资促进中心、绍兴市标准化协会

【起 草 人】那艳、宋嵩、徐裁叶、陈哲予、孙祝丽、葛安凤、张瑛、郭培培、孙一栋、陈斌、季业成、马中取、朱燕平

【范　　围】

本文件规定了公共图书馆阅读推广工作的术语和定义、推广形式、应用场景、特殊人群服务、服务管理和服务成效与反馈等要求。

本文件适用于市、县两级公共图书馆开展的阅读推广工作。

【主要内容】

本文件正文共包括8章，分别是：范围、规范性引用文件、术语和定义、推广形式、应用场景、特殊人群服务、服务管理、服务成效与反馈。

其中，第3章界定了适用于本文件的“阅读推广”定义。第4章推广形式部分分为基础服务和提升服务两大类，规范了文献推荐、阅读沙龙、主题讲座、主题展览、读者培训、阅读比赛、数字阅读、品牌建设、阅读联盟、阅读节日、体验服务、文旅融合等服务形式的内容和组织形式。第5章应用场景则分别结合中心馆及总馆、分馆及其他阅读场所的不同，提出推广服务的内容和形式。第6章特殊人群服务中结合专门针对少年儿童、老年人、残疾人及流动人口开展的服务提出阅读推广的服务内容。第7章提出了阅读推广活动保障、活动流程的服务管理要求。第8章从阅读活动、品牌效应、宣传报道、读者评价和评价应用几个方面对服务成效与反馈提出要求。

【规范性引用文件】

DB3306/T 045　公共图书馆数字媒体服务规范

【修订情况】

无

DB3310/T 63—2019　家庭图书馆建设与服务规范

【标 准 号】 DB3310/T 63—2019

【标准名称】 家庭图书馆建设与服务规范

【英文名称】 无

【标准类别】 通用标准

【行业分类】 公共管理、社会保障和社会组织

【采标情况】 无

【发布时间】 2019 - 12 - 26

【实施时间】 2020 - 01 - 01

【技术归口】 台州市文化和广电旅游体育局

【起草单位】 温岭市文化和广电旅游体育局、温岭市图书馆

【起 草 人】 李东飞、周航辉、林国庆、杨仲芝、陈海量、周慧

【范　　围】

本标准规定了家庭图书馆的术语和定义、基本要求、建设要求、服务内容和效能、服务管理、服务监督与评价等内容。

本标准适用于家庭图书馆的建设、服务、管理。

【主要内容】

本标准正文共包括 8 章，分别是：范围、规范性引用文件、术语和定义、基本要求、建设要求、服务内容和效能、服务管理、服务监督与评价。

其中，第 3 章界定了“家庭图书馆”的术语及其规范定义。第 4 章提出了家庭图书馆开展服务应遵循的服务原则、申请与退出机制、实行统一服务标准等基本要求，规范了家庭图书馆总分馆制度下的建设方式，明确了县级图书馆承担家庭图书馆总馆的职能，家庭图书馆承担分馆职能。第 5 章从场地、设施设备、文献资源、人员 4 个方面给出建设、配置指标要求。第 6 章规定了家庭图书馆的服务内容和效能，区别了邻里服务型分馆和社会开放型分馆，提出服务要求及量化指标。第 7 章提出了家庭图书馆服务管理体系化建设要求，包括：服务标识管理、服务告示管理、服务统计、图书配送和安全管理。第 8 章提出了家庭图书馆的服务监督的服务意见处理时限要求，通过读者需求和满意度调查，评价家庭图书馆服务效能。

【规范性引用文件】

DB33/T 2180　公共图书馆中心馆-总分馆建设服务规范

【修订情况】

无

DB3310/T 96—2023 公共图书馆社会化运营管理规范

【标 准 号】 DB3310/T 96—2023

【标准名称】 公共图书馆社会化运营管理规范

【英文名称】 Specification for socialized operation management of public library

【标准类别】 管理标准

【行业分类】 居民服务、修理和其他服务业

【采标情况】 无

【发布时间】 2023-02-24

【实施时间】 2023-03-01

【归口单位】 台州市文化和广电旅游体育局

【起草单位】 台州市图书馆、江苏嘉图网络科技股份有限公司、浙江省标准化研究院

【起 草 人】 毛旭、王军飞、沈兰燕、吴妙夫、邵吕深、张晨、朱琦、何琳、卢津、徐亦萍、施鲁杭

【范　　围】

本文件规定了公共图书馆社会化运营管理的术语和定义、承接方进入、质量控制和检查程序、考核与监督、承接方退出。

本文件适用于文化主管部门或各级图书馆对市、县（市、区）、乡镇（街道）、村（社区）公共图书馆社会化运营的管理。

【主要内容】

本文件正文共包括 8 部分内容，分别是：范围、规范性引用文件、术语和定义、社会化运营范围、社会化运营引入、质量控制和检查程序、监督考核管理、退出管理。

其中，第 3 章明确了 GB/T 28220、GB/T 40987.1—2021、GB/T 40987.2—2021、GB/T 40987.3—2021 和本文件界定的 3 个术语及其规范定义适用于本文件，分别对公共图书馆社会化运营管理、购买方、承接方作出适用于本文件的规范定义。第 4 章提出了社会化运营范围。第 5 章提出对社会化运营引入的原则及承接方资质要求，明确资格审查的内容及合同签订的流程。第 6 章规范了社会化运营的质量控制和检查程序、监督考核管理及风险控制、承接方退出管理的流程。第 7 章给出了社会化运营考核评价、监督管理、风险监控及督促改进的要求。第 8 章规范了社会化运营退出管理所处不同情况的应对方式。

此外，本文件还另附 1 个资料性附录 A，提出了社会化运营服务质量评价可

参考的指标体系。

【规范性引用文件】

GB/T 28220　公共图书馆服务规范

GB/T 40987.1—2021　公共图书馆业务规范　第1部分：省级公共图书馆

GB/T 40987.2—2021　公共图书馆业务规范　第2部分：市级公共图书馆

GB/T 40987.3—2021　公共图书馆业务规范　第3部分：县级公共图书馆

【修订情况】

无

DB34/T 2444—2015　图书馆实时咨询服务规范

【标 准 号】 DB34/T 2444—2015

【标准名称】 图书馆实时咨询服务规范

【英文名称】 Library real time reference service specification

【标准类别】 通用标准

【行业分类】 文化、体育和娱乐业

【采标情况】 无

【发布时间】 2015-08-31

【实施时间】 2015-09-30

【技术归口】 安徽省文化厅

【起草单位】 安徽理美文化传播有限公司、安徽省图书馆、安徽省标准化协会

【起 草 人】 王建涛、孙琪、王景、贺冉冉、丁林峰

【范　　围】

本标准规定了图书馆实时咨询服务术语和定义、服务内容、服务要求、评价与改进等。

本标准适用于图书馆提供的实时咨询服务，非实时咨询服务可参照执行。

【主要内容】

本标准正文共包括 6 章，分别是：范围、规范性引用文件、术语和定义、服务内容、服务要求、评价与改进。

其中，第 3 章提出 WH/T 71 界定的术语和本标准界定的“图书馆实时咨询服务”“实时咨询馆员”2 个术语及其规范定义表述适用于本标准。第 4 章明确了图书馆实时咨询服务的主要工作内容及对任何非法、反动、胁迫、侵犯个人隐私和种族歧视等提问的处理要求。第 5 章提出了图书馆实时咨询服务的服务时间、人员素养、参考源、基本原则、服务告知、咨询解答方式和服务态度、咨询记录归档规范的工作要求。第 6 章提出了对实时咨询服务的评价等级划分要求，并对“不满意”咨询的改进明确负责主体及改进方式。

【规范性引用文件】

WH/T 71　图书馆参考咨询服务规范

【修订情况】

无

DB34/T 2605—2016　社区图书馆（室）服务规范

【标 准 号】 DB34/T 2605—2016

【标准名称】 社区图书馆（室）服务规范

【英文名称】 Community library service specifications

【标准类别】 方法标准

【行业分类】 居民服务、修理和其他服务业

【采标情况】 无

【发布时间】 2016-02-02

【实施时间】 2016-03-02

【技术归口】 安徽省文化厅

【起草单位】 安徽理美文化传播有限公司、安徽省图书馆、合肥斯坦德尔德标准化管理有限公司、蚌埠市图书馆、繁昌县图书馆、安徽省标准化协会

【起 草 人】 丁林峰、王建涛、李蔚蔚、孟庆杰、管霞、贺冉冉

【范　　围】

本标准规定了社区图书馆（室）服务规范的术语和定义、设施、设备与环境、服务内容、服务保障、服务监督与反馈等。

本标准适用于社区图书馆（室）（以下简称图书馆），包括设置在社区文化活动中心内的图书室，乡镇图书馆（室）可参照执行。

【主要内容】

本标准正文共包括 7 章，分别是：范围，规范性引用文件，术语和定义，设施、设备与环境，服务内容，服务保障，服务监督与反馈。

其中，第 3 章明确 GB/T 28220 界定的术语以及本标准界定的“社区图书馆”“社区服务人口数”2 个术语及其规范定义表述适用于本标准。第 4 章提出了对社区图书馆设施建设面积、建筑功能布局划分、标识及公示信息设置、特殊人群服务硬件配备、电子信息设备配置要求、服务环境的要求等。第 5 章界定了社区图书馆的服务对象及服务性质，明确了服务时间及临时调整要求，细分了基本服务内容和对应要求，对总分馆服务和便民服务几部分界定了相关服务内容。第 6 章服务保障对人力资源的人员配备给出数量应参照的指标要求、给出从业人员的工作要求、提出建立志愿者队伍的要求，在文献资源中给出建设原则要求、馆藏文献建设的类型和数量配备要求，并提出制定突发事件应急预案等公共安全要求。第 7 章提出社区图书馆服务监督应按照标准 GB/T 28220 要求执行，对读者满意度提出数量指标要求。

【规范性引用文件】

GB/T 10001.1　公共信息图形符号　第1部分：通用符号

GB/T 28220　公共图书馆服务规范

JGJ 38　图书馆建筑设计规范

【修订情况】

无

DB34/T 2837—2017　公共图书馆　总分馆数据接口规范

【标 准 号】DB34/T 2837—2017

【标准名称】公共图书馆　总分馆　数据接口规范

【英文名称】The public library - central branch libraries Data interface specification

【标准类别】方法标准

【行业分类】信息传输、软件和信息技术服务业

【采标情况】无

【发布时间】2017 - 03 - 30

【实施时间】2017 - 04 - 30

【技术归口】安徽省信息技术标准化技术委员会

【起草单位】安徽省图书馆、安徽省智慧公共文化服务工程技术研究中心、安徽省质量和标准化研究院、安徽华博胜讯信息科技股份有限公司、合肥市图书馆、合肥工业大学、安徽大学

【起 草 人】胡敏、王学杰、许俊松、步翠兰、刘树峰、王建涛、李永钢、智淑英、吴锦、郑利平、林泽明、汪征

【范　　围】

本标准规定了图书馆业务信息化系统之间的数据接口规范。

本标准适用于公共图书馆、高校图书馆和数字资源提供商，也可适用于图书馆行业信息资源交换体系的设计与建设。

【主要内容】

本标准正文共包括 5 章，分别是：范围、规范性引用文件、术语和定义、数据元素的描述格式、数据与接口。

其中，第 3 章界定了适用于本标准的“公共图书馆联盟”等 13 个术语及其规范定义表述。第 4 章提出了总分馆数据接口的数据元素描述格式，列表给出了每个数据元素表示格式字符、含义及其说明。第 5 章规定了公共图书馆总分馆成员馆认证、成员馆注册与注销、资源数据接口、总分馆馆藏数据、总分馆流通统计、总分馆流通操作和总分馆用户操作接口数据参数表，列表给出了各类资源接口数据描述，包括数据描述标识符、名称、说明、表示格式。

此外，本标准还附有 1 个规范性附录 A，规定了适用于本标准的数据字典，给出基本数据、馆藏状态数据、检索类型数据、检索范围数据、函数功能执行状态码、媒体类型、人次流通统计口径、馆藏流通统计口径、人次流通统计类型、

馆藏流通统计类型、流通类型、著者类型、财经类型、读者类型、文献类型、证件类型、馆际互借类型、证件状态、图书馆编码、数字资源厂商编码各类数据的对应编码及说明。

【规范性引用文件】

GB/T 2260　中华人民共和国行政区划代码

GB/T 2659　世界各国和地区名称代码

GB/T 3304　中国各民族名称的罗马字母拼写法和代码

GB/T 4658　学历代码

GB/T 7408　数据元和交换格式　信息交换　日期和时间表示法

GB/T 10114　县级以下行政区划代码编制规则

GB 11643　公民身份号码

GA/T 2000.156　公安信息代码　第 156 部分：常用证件代码

《中国图书馆分类法》（第五版）

【修订情况】

无

DB34/T 3355—2019 公共图书馆总分馆信息化服务规范

【标 准 号】DB34/T 3355—2019

【标准名称】公共图书馆　总分馆信息化服务规范

【英文名称】Information service standard of general branch library of public library

【标准类别】方法标准

【行业分类】信息传输、软件和信息技术服务业

【采标情况】无

【发布时间】2019－07－01

【实施时间】2019－08－01

【技术归口】安徽省信息技术标准化技术委员会

【起草单位】安徽省图书馆、安徽华博胜讯信息科技股份有限公司、安徽省质量和标准化研究院、安徽省智慧公共文化服务工程技术研究中心、合肥市图书馆、安徽大学图书馆

【起 草 人】许俊松、王学杰、殷文正、吴鸿英、程瑶、王建涛、李永钢、步翠兰、管霞、智淑英、林泽明、程强、江冬梅、刘树峰、史政

【范　　围】

本标准规定了公共图书馆总分馆信息化服务的基本要求、服务内容、服务保障、服务质量及效能和服务监督与反馈。

本标准适用于县（市）级以上公共图书馆。学校图书馆、街道、乡镇级公共图书馆以及社区、乡村和社会力量办的各类公共图书馆基层服务点参照执行。

【主要内容】

本标准正文共包括 9 章，分别是：范围、规范性引用文件、术语和定义、缩略语、基本要求、服务内容、服务保障、服务质量及效能、服务监督与反馈。

其中，第 3 章提出 GB/T 13191 和 DB34/T 2837 界定的和本标准界定的 14 个术语及其规范定义表述适用于本标准。第 4 章给出了本标准使用的 FAQ、OPAC 2 个缩略语对应解释。第 5 章提出了公共图书馆应建立满足读者数字阅读的环境、资源和条件，实现数字资源共建共享服务，有计划地建设图书馆总分馆服务网络，落实数字资源的统一规划、统一采购、集中编目、集中使用，充分利用云存储、云计算等现代技术，实现数字资源共建共享服务，总分馆建立文献物流传递系统，满足读者需求等基本要求。第 6 章提出了公共图书馆总分馆信息化服务的基本服务要求，包括：在线公共检索目录、通借通还、读者证办理、自助借还、公共电

子阅览室服务、图书赔偿处理、图书荐购；还对数字阅读服务、数字参考咨询、新媒体服务、新技术应用服务、信息资源开发、数字资源采购服务、一体化体验空间服务、数据库查询及网络资源服务、资源导航、信息代理服务及图书馆网站服务提出要求。第 7 章制定了公共图书馆总分馆信息化服务保障要求，包括应具备的馆舍基础设施和信息化功能配置要求、网络及软硬件环境要求、信息化系统安全保障及人力资源要求等。第 8 章给出了公共图书馆总分馆信息化服务的量化指标要求。第 9 章给出了信息化服务的服务监督依据和满意度调查工作的要求。

此外，本标准另附 2 个规范性附录。其中，附录 A 规范了省级、地市级、县级公共图书馆网络与宽带接入的指标；附录 B 提出了省级、地市级、县级公共图书馆的总分馆资源配置要求。

【规范性引用文件】

GB/T 13191　信息与文献　图书馆统计

GB/T 20270　信息安全技术　信息系统通用安全技术要求

GB/T 28220　公共图书馆服务规范

GB 50174　数据中心设计规范

建标 108　公共图书馆建设标准

DB34/T 2837　公共图书馆　总分馆　数据接口规范

【修订情况】

无

DB34/T 3877—2021 公共图书馆阅读推广志愿服务规范

【标 准 号】DB34/T 3877—2021

【标准名称】公共图书馆阅读推广志愿服务规范

【英文名称】Volunteer service specifications of reading promotion in public libraries

【标准类别】方法标准

【行业分类】文化、体育和娱乐业

【采标情况】无

【发布时间】2021－01－25

【实施时间】2021－02－25

【技术归口】安徽省文化和旅游厅

【起草单位】安徽理美文化传播有限公司、安徽省图书馆、亳州市现代文化旅游促进中心、安徽宇汇达文化传播有限公司、合肥斯坦德尔德标准化管理有限公司

【起 草 人】陈莹莹、李蔚蔚、陈莉、郭芹、钱兰岚、陈梦羽、贺冉冉、丁林峰、刘璐、束道文、李伟、王德银

【范　　围】

本文件提供了公共图书馆阅读推广志愿服务的术语和定义、基本要求、组织管理、服务流程和绩效评估的要求。

本文件适用于公共图书馆开展阅读推广志愿服务。

【主要内容】

本文件正文共有 7 章，分别是：范围、规范性引用文件、术语和定义、基本要求、组织管理、服务流程、绩效评估。

其中，第 3 章界定了适用于本文件的 6 个术语及其规范定义表述。第 4 章提出了公共图书馆对阅读推广志愿服务的基本要求。第 5 章分别从公共图书馆、文化志愿服务组织、文化志愿者 3 个角度对公共图书馆的阅读推广志愿服务提出组织管理规范要求。第 6 章规范了阅读推广志愿服务的流程为：需求分析、制定计划、活动审核、保障落实、志愿者招募、志愿者培训、服务实施、监督检查、总结评价和服务激励，并对每个流程提出对应要求。第 7 章规定了阅读推广活动绩效评估和文化志愿者绩效评估的内容，并给出了评估开展的工作方式。

【规范性引用文件】

GB/T 28220　公共图书馆服务规范

MZ/T 148—2020　志愿服务基本术语

【修订情况】

无

DB34/T 3878—2021　社会力量参与公共图书馆服务工作指南

【标 准 号】DB34/T 3878—2021

【标准名称】社会力量参与公共图书馆服务工作指南

【英文名称】Guidelines for social participation of public library service

【标准类别】方法标准

【行业分类】文化、体育和娱乐业

【采标情况】无

【发布时间】2021-01-25

【实施时间】2021-02-25

【技术归口】安徽省文化和旅游厅

【起草单位】安徽琿美文化传播有限公司、安徽省图书馆、亳州市现代文化旅游促进中心、安徽宇汇达文化传播有限公司、合肥斯坦德尔德标准化管理有限公司

【起 草 人】钱兰岚、王景、罗燕、吴海燕、李蔚蔚、王德银、陈梦羽、贺冉冉、李伟、丁林峰、刘璐、束道文、陈莹莹

【范　　围】

本文件提供了社会力量参与公共图书馆服务的总则、服务保障、服务内容、资料与档案、质量控制与改进、监督与考核等工作的指南。

本文件适用于指导社会力量参与公共图书馆服务工作。

【主要内容】

本文件正文共包括 9 章，分别是：范围、规范性引用文件、术语和定义、总则、服务保障、服务内容、资料与档案、质量控制与改进、监督与考核。

其中，第 3 章明确 GB/T 28220 界定的术语和定义及本文件界定的 3 个术语及其规范定义适用于本文件。第 4 章中明确了社会力量参与公共图书馆服务的基本原则、准入条件，并规范了其参与方式。第 5 章提出了社会力量参与公共图书馆服务应提供的保障措施，包括人员保障、制度建设、环境要求、资源管理，给出了资源管理中的文献加工处理提供服务时间要求以及开架图书排架正确率的量化指标要求。第 6 章界定了社会力量可以参与的公共图书馆服务内容，包括办证服务、借阅服务、阅读推广活动、参考咨询服务、特色服务、服务公示以及宣传推广工作。第 7 章对社会力量参与公共图书馆各项服务中形成的各类工作档案资料的收集和管理提出规范要求。第 8 章对社会力量参与公共图书馆各项服务工作的

质量给出评判要求：符合 GB/T 28220 及其他相关考核标准，达到合同约定。对做好质量改进工作提供了质量改进的方式。第 9 章给出了对社会力量参与公共图书馆服务监督评价的内容和考核方法。

【规范性引用文件】

GB/T 17242　投诉处理指南

GB/T 28220　公共图书馆服务规范

【修订情况】

无

DB34/T 4153—2022　图书馆馆藏资源开发与应用指南

【标 准 号】DB34/T 4153—2022

【标准名称】图书馆馆藏资源开发与应用指南

【英文名称】Guidelines for development and application of library collection

【标准类别】方法标准

【行业分类】文化、体育和娱乐业

【采标情况】无

【发布时间】2022－03－29

【实施时间】2022－04－29

【技术归口】安徽省文化和旅游厅

【起草单位】安徽理美文化传播有限公司、安徽省图书馆、亳州市现代文化旅游促进中心、淮南市图书馆、庐江县图书馆、合肥斯坦德尔德标准化管理有限公司

【起 草 人】周红雁、孙琪、孙丽滨、龙燕、崔永梅、钱兰岚、陈梦羽、李伟、许金玲、贺冉冉、丁林峰、刘璐、束道文、陈莹莹

【范　　围】

本文件确立了图书馆馆藏资源开发与应用的总体要求，并提供了开发方式、应用方式、知识产权保护和可持续发展的建议。

本文件适用于图书馆馆藏资源开发与应用工作。

【主要内容】

本文件正文共包括 8 章，分别是：范围、规范性引用文件、术语和定义、总体要求、开发方式、应用方式、知识产权保护、可持续发展。

其中，第 3 章界定了适用于本文件的图书馆馆藏和参考咨询服务 2 个术语及其规范定义表述。第 4 章提出图书馆馆藏资源开发应遵循的总体要求：以保护图书馆馆藏为前提，以社会效益为主，引入竞争机制，鼓励社会力量参与，实现社会效益与经济效益有机统一；提出了可开发应用的馆藏类型；给出了馆藏开发应具备的制度保障措施；第 5 章提出了图书馆馆藏的 3 种工作方式：独立开发、授权开发和合作开发，并对每种开发提出对应工作要求。第 6 章说明了图书馆馆藏在文献借阅服务、文献展览服务、文献数字化服务、参考咨询服务以及文化创意产品中的开发应用方式。第 7 章提出了图书馆馆藏资源开发中需注意的知识产权保护相关要求。第 8 章为图书馆馆藏资源开发提出了打造品牌 IP、实施评估管理、建立激励机制、落实监督与检查及持续改进的方法。

【规范性引用文件】

无

【修订情况】

无

DB34/T 4154—2022 公共图书馆老年读者服务规范

【标 准 号】DB34/T 4154—2022

【标准名称】公共图书馆老年读者服务规范

【英文名称】Specification for elderly reader services of public libraries

【标准类别】方法标准

【行业分类】文化、体育和娱乐业

【采标情况】无

【发布时间】2022-03-29

【实施时间】2022-04-29

【技术归口】安徽省文化和旅游厅

【起草单位】安徽理美文化传播有限公司、安徽省图书馆、亳州市现代文化旅游促进中心、安徽文达信息工程学院图书馆、庐江县图书馆、合肥斯坦德尔德标准化管理有限公司

【起 草 人】徐宿、范晓翔、罗燕、奚淼、李娟、钱兰岚、陈梦羽、李伟、许金玲、贺冉冉、丁林峰、刘璐、束道文、陈莹莹

【范 围】

本文件规定了公共图书馆提供老年读者服务的要求，并给出了老年读者服务的对象和服务评价与改进的说明。

本文件适用于公共图书馆老年读者服务工作。

【主要内容】

本文件正文共包括10章，分别是：范围、规范性引用文件、术语和定义、总则、服务对象、服务资源、服务方式、服务内容、服务要求、服务评价与改进。

其中，第3章对适用于本文件的老年读者服务、代际阅读等4个术语进行了规范定义。第4章提出了对老年读者服务遵循平等无区别对待、提供个性化和人性化服务、倡导老年读者优先的原则。第5章界定了公共图书馆老年读者服务的对象群体。第6章提出了开展老年读者服务中，对服务经费、环境资源、馆藏资源、人力资源几类服务资源配置的要求。第7章界定了为保障和满足老年读者基本文化需求应提供的基本服务内容，包括多语种、多种载体的借阅服务和一般性咨询服务；还提出了为老年读者提供流动服务、个性化服务及延伸服务多种服务方式的要求和建议。第8章提出了公共图书馆老年读者服务中的适老化服务、导引服务、信息技术培训服务、快递及无障碍拓展服务和代际阅读服务等内容。第9章给出了公共图书馆在引导标识、服务制度、服务档案、服务统计、服务宣传中

应给予老年读者服务重要的内容。第 10 章提出了老年读者服务评价与改进工作要求。

【规范性引用文件】

GB/T 28220　公共图书馆服务规范

【修订情况】

无

DB34/T 4155—2022　图书馆网上借阅工作指南

【标 准 号】DB34/T 4155—2022

【标准名称】图书馆网上借阅工作指南

【英文名称】Work guidance of online borrowing in libraries

【标准类别】方法标准

【行业分类】文化、体育和娱乐业

【采标情况】无

【发布时间】2022-03-29

【实施时间】2022-04-29

【技术归口】安徽省文化和旅游厅

【起草单位】安徽理美文化传播有限公司、安徽省图书馆、亳州市现代文化旅游促进中心、安徽省委党校图书和文化馆、安徽警官职业学院图书馆、淮南市图书馆、庐江县图书馆、合肥斯坦德尔德标准化管理有限公司

【起 草 人】李蔚蔚、裴珑、林莉、吴小冰、崔永梅、钱兰岚、阮云、陈梦羽、李伟、许金玲、贺冉冉、丁林峰、刘璐、束道文、陈莹莹

【范　　围】

本文件确立了图书馆网上借阅工作的基本要求，并规定了服务内容、流程、管理和宣传推广。

本文件适用于图书馆网上借阅工作。

【主要内容】

本文件正文共包括9章，分别是：范围、规范性引用文件、术语和定义、总体要求、具体要求、借阅流程、监督管理、宣传推广、评价与改进。

其中，第3章界定了适用于本文件的“网上借阅”规范定义。第4章提出了图书馆提供网上借阅服务的总体工作要求：易用、时效、安全、惠民。第5章具体规定了开展网络借阅工作图书馆、工作人员、网借平台、物流企业的分工要求。第6章规范了网络借阅的流程要求，给出了图示说明。第7章提出了对平台方、物流方的监督管理要求。第8章提出了网络借阅的宣传推广方式。第9章规范了评价及改进图书馆网上借阅服务的工作方式和评价内容。

【规范性引用文件】

无

【修订情况】

无

DB34/T 4244—2022　公共图书馆信息化终端管理规范

【标 准 号】DB34/T 4244—2022

【标准名称】公共图书馆信息化终端管理规范

【英文名称】Specification for information terminal management of public library

【标准类别】管理标准

【行业分类】文化、体育和娱乐业

【采标情况】无

【发布时间】2022-06-29

【实施时间】2022-07-29

【技术归口】安徽省文化和旅游厅

【起草单位】安徽省文化和旅游厅、安徽省图书馆

【起 草 人】鲍静、高全红、宁一丁、金玉、李亚卉、张昌富、周铨、鲍云、孔诸思、孙峥薇、艾根宏、陈孟琪、黄海涛、胡骏野、赵蓉

【范　　围】

本文件确立了公共图书馆信息化终端运行管理的基本要求，并规定了公共图书馆信息化终端的资源管理、运行管理、安全管理和维保管理。

本文件适用于县（市）级以上公共图书馆。街道、乡镇级公共图书馆及社区、乡村和社会力量办的各类公共图书馆基层服务点参照执行。

【主要内容】

本文件正文共包括8章内容，分别是：范围、规范性引用文件、术语和定义、基本要求、资源管理、运行管理、安全管理、维保管理。

其中，第3章界定了6个适用于本文件的图书馆信息化终端管理相关术语及其规范定义。第4章提出对公共图书馆信息化终端管理的基本要求，包括：专兼职人员配备、人员应具备专业技能、设施设备和工具配备、建立规章制度及进行监督考核。第5章提出了信息化终端管理中对技术资料的内容以及资料的收集、整理、保存，编制故障手册并约定故障手册的内容要求，设立备件库并做定期查验等管理要求。第6章划分了运行管理各工作阶段，包括前端巡查、后台监控、数据备份、优化升级，并根据不同服务点的需要给出终端设备制定规范性要求。第7章对信息化终端设备的物理安全和信息安全制定分别提出规范要求。第8章提出了信息终端的日常维护、应开展的售后服务、清洁消毒、标识警示和报废清理的要求。

【规范性引用文件】

GB/T 22239—2019 信息安全技术 网络安全等级保护基本要求

GB/T 28220—2011 公共图书馆服务规范

GB/T 28827.3—2019 信息技术服务 运行维护 第3部分：应急响应规范

GB/T 28827.5—2019 信息技术服务 运行维护 第5部分：桌面及外围设备规范

【修订情况】

无

DB34/T 4245—2022　公共图书馆文献采集工作指南

【标 准 号】 DB34/T 4245—2022

【标准名称】 公共图书馆文献采集工作指南

【英文名称】 Guide to document acquisitions in public library

【标准类别】 方法标准

【行业分类】 文化、体育和娱乐业

【采标情况】 无

【发布时间】 2022-06-29

【实施时间】 2022-07-29

【技术归口】 安徽省文化和旅游厅

【起草单位】 安徽省文化和旅游厅、安徽省图书馆、合肥工业大学、合肥职业技术学院、安徽万品图书经营有限公司

【起 草 人】 朱开忠、赵蓉、孙丽滨、宋敏、潘宇光、张昌富、罗燕、龙燕、孔诺思、鲁家文、鲍静、奚森、罗嘉怡

【范　　围】

本文件确立了公共图书馆文献采集工作的基本要求，并规定了采集信息的获取、文献筛选、文献采集、文献验收、文献移交、统计与归档。

本文件适用于公共图书馆文献采集工作，其他各类型图书馆及新华书店等图书经营和服务机构参照使用。

【主要内容】

本文件正文共包括10章，分别是：范围、规范性引用文件、术语和定义、基本要求、采集信息的获取、文献筛选、文献采集、文献验收、文献移交、统计与归档。

其中，第3章界定了GB/T 28220界定的及本文件界定的7个术语及其规范定义适用于本文件。第4章规范了文献采集的基本要求，包括：按馆藏发展政策和文献采集工作制度执行、广泛采集地方文献和特色文献、重视采集少数民族和特殊人群文献、文献建设系统性、连续性和完整性，采集人员具备专业能力和职业道德、服务意识。第5章提出了采集信息获取的途径或方式。第6章对文献筛选程序及其具体工作内容予以规范，包括文献初选、复选、书单确认和采集数据生成。第7章规范了对包括购买、征集、交换、接受捐赠、接受交存、接受调拨、复制、合作采集多种文献采集方式的要求。第8章提出了文献验收中应对数量核对、价格核对、装帧核对、内容核对等验收的要求。第9章规范了文献移交手续

要求。第 10 章规范了文献移交完成后，对文献采集各环节的数据统计分析要求。

【规范性引用文件】

GB/T 28220　公共图书馆服务规范

【修订情况】

无

DB34/T 4862—2024　公共图书馆社会化运营服务管理规范

【标 准 号】 DB34/T 4862—2024

【标准名称】 公共图书馆社会化运营服务管理规范

【英文名称】 Specification of socialized operation service management in public library

【标准类别】 管理标准

【行业分类】 公共管理、社会保障和社会组织

【采标情况】 无

【发布时间】 2024-07-30

【实施时间】 2024-08-30

【技术归口】 安徽省文化和旅游厅

【起草单位】 合肥斯坦德尔德标准化管理有限公司、安徽大学、安徽国耀通信科技有限公司、合肥工业大学图书馆、安徽知本文化科技有限公司、含山县图书馆、泗县图书馆、安徽智慧公共文化服务工程技术研究中心、安徽理美文化传播有限公司、河海大学图书馆、安徽医科大学图书馆

【起 草 人】 陆和建、姜丰伟、程克敏、钱亮亮、周克顺、余雪月、蔡国画、卢婧、云云、邓馨悦、陈怀喜、顾彬、贺冉冉

【范　　围】

本文件确定了公共图书馆社会化运营服务管理的基本要求、服务管理内容、服务反馈和评价与改进。

本文件适用于公共图书馆社会化运营服务和管理。

【主要内容】

本文件正文共包括 7 章，分别是：范围、规范性引用文件、术语和定义、基本要求、管理内容、服务反馈、评价与改进。

其中，第 3 章界定了“公共图书馆社会化运营”的专业术语及适用于本文件的规范定义。第 4 章明确了委托方、承接方在委托或承接公共图书馆社会化运营工作中各自应承担的工作内容。第 5 章提出了社会运营中，提升公共图书馆业务建设中应开展的各项工作内容，为保障公共图书馆服务效能应提供的业务工作、信息宣传工作、社会化运营工作人员礼仪要求，以及为公共图书馆提供保障的人员、岗位及信息安全要求。第 6 章提出了社会化运营应开展的读者反馈、读者满意度调查和绩效评估工作内容及质量要求。第 7 章提出了公共图书馆对社会化运营评价方式，提出了考核指标体系，并明确了承担社会化运营的受托方改进服务

的要求，及对违规违约行为、退出承接运营时的处理方案。

【规范性引用文件】

GB/T 28220　公共图书馆服务规范

WH/T 70（所有部分）　公共图书馆评估指标

DB34/T 3878　社会力量参与公共图书馆服务工作指南

【修订情况】

无

DB3411/T 0008—2022　公共图书馆服务外包要求

【标 准 号】 DB3411/T 0008—2022

【标准名称】 公共图书馆服务外包要求

【英文名称】 Requirements of public library services outsourcing

【标准类别】 管理标准

【行业分类】 租赁和商务服务业

【采标情况】 无

【发布时间】 2022－09－09

【实施时间】 2022－10－01

【技术归口】 滁州市文化和旅游局

【起草单位】 滁州市图书馆、天长市图书馆、来安县图书馆、全椒县图书馆、凤阳县图书馆、明光市图书馆、定远县图书馆、南谯区图书馆、琅琊区图书馆

【起 草 人】 吴鸿英、胡玉国、王震、徐应龙、张青、刘莉莉、徐毅、孙学崇、张弘、杨在虎

【范　　围】

本文件界定了公共图书馆服务外包、公共图书馆外包机构的术语和定义，规定了外包机构、服务内容、服务要求、服务质量与评价的要求。

本文件适用于承接政府购买公共图书馆服务的组织。

【主要内容】

本文件共包括7章，分别是：范围、规范性引用文件、术语和定义、外包机构、服务内容、服务要求、服务质量评价与改进。

其中，第3章界定了“公共图书馆服务外包”和“公共图书馆服务外包机构”2个术语和适用于本文件的定义表述。第4章规范了对外包机构的服务资质、场地设施、规章制度和从业人员的要求。第5章规定了管理服务和业务服务2类外包服务的内容。对应第5章，第6章提出了对2类外包服务内容详细的外包服务要求。第7章规定了公共图书馆服务外包的质量评价内容，并对服务质量改进提出要求。

【规范性引用文件】

GB/T 22239　信息安全技术　网络安全等级保护基本要求

GB/T 22240　信息安全技术　网络安全等级保护定级指南

GB/T 28220　公共图书馆服务规范

GB/Z 28828　信息安全技术　公共及商用服务信息系统个人信息保护指南
DB34/T 3878　社会力量参与公共图书馆服务工作指南

【修订情况】

无

DB36/T 721—2024　公共图书馆服务规范

【标 准 号】 DB36/T 721—2024

【标准名称】 公共图书馆服务规范

【英文名称】 Public library service specifications

【标准类别】 管理标准

【行业分类】 文化、体育和娱乐业

【采标情况】 无

【发布时间】 2024－03－26

【实施时间】 2024－09－01

【技术归口】 江西省文化和旅游厅

【起草单位】 江西省图书馆

【起 草 人】 涂安宁、张杰、余凯璇、程卫军、傅宝珍

【范　　围】

本文件规定了图书馆的服务资源、服务内容、服务效能、服务宣传、服务监督与评价等内容。

本文件适用于县（市）级以上公共图书馆。

【主要内容】

本文件正文共包括 8 章，分别是：范围、规范性引用文件、术语和定义、服务资源、服务内容、服务效能、服务宣传、服务监督与评价。

其中，第 3 章界定了适用于本文件的 9 个术语及其规范定义表述。第 4 章提出了对各类公共图书馆服务资源的要求，给出了部分指标的量化要求及其所遵循的标准依据，包括馆舍条件、设施设备、人力资源、文献信息资源、文献购置经费 5 部分。第 5 章界定了公共图书馆服务的基本内容，对外借服务、阅读推广活动、流动服务、数字化服务、总分馆服务、拓展服务和其他服务提出了规范化要求，给出了活动参与度的计算公式。第 6 章界定了公共图书馆各项服务工作的内容，并对应达到的效果能力给出指标要求，包括服务时间、馆藏使用量、文献加工处理时间、闭架文献获取时间、开架图书排架正确率、文献提供响应时间、参考咨询响应时间，给出了人均外借量的计算公式。第 7 章给出了服务宣传对导引标识、服务告示、馆藏揭示和活动推广的工作要求。第 8 章提出了对公共图书馆服务的监督与评价要求，明确了服务投诉与处理工作方法，给出了读者满意度调查及服务改进的要求。

【规范性引用文件】

GB 2894　安全标志及其使用导则

GB/T 10001.1　公共信息图形符号　第1部分：通用符号

GB/T 10001.9　标志用公共信息图形符号　第9部分：无障碍设施符号

GB 13495.1　消防安全标志　第1部分：标志

GB/T 13191　信息与文献　图书馆统计

GB/T 15566.1　公共信息导向系统设置原则与要求　第1部分：总则

GB/T 15566.11　公共信息导向系统设置原则与要求　第11部分：机动车停车场

GB 15630　消防安全标志设置要求

GB/T 20501　公共信息导向系统　导向要素的设计原则与要求(所有部分)

GB 50016　建筑设计防火规范

GB 50033　建筑采光设计标准

GB 50034　建筑照明设计标准

GB 50189　公共建筑节能设计标准

GB 50763　无障碍设计规范

JGJ 38　图书馆建筑设计规范

WH/T 47　图书馆数字资源统计规范

【修订情况】

本文件代替DB36/T 721—2013。

DB3601/T 9—2023　公共图书馆通借通还业务规范

【标 准 号】 DB3601/T 9—2023

【标准名称】 公共图书馆通借通还业务规范

【英文名称】 Technical specification of public library coordinated loan and return

【标准类别】 管理标准

【行业分类】 公共管理、社会保障和社会组织

【采标情况】 无

【发布时间】 2023-05-09

【实施时间】 2023-06-09

【技术归口】 南昌市文化广电新闻出版旅游局

【起草单位】 南昌市图书馆

【起 草 人】 付玲、袁奎、李旭文、张帆、许俊杰、刘磊

【范　　围】

本文件规定了全市公共图书馆通借通还业务的总体要求、服务平台、书目数据、文献标识、读者证、借还规则、文献流转、服务保障和数据统计等内容。

本文件适用于市、县（区）级公共图书馆，以及加入统一业务平台的基层图书馆

【主要内容】

本文件正文共包括12章，分别是：范围、规范性引用文件、术语和定义、总体要求、服务平台、书目数据、文献标识、读者证、借还规则、文献流转、服务保障、数据统计。

其中，第3章界定了适用于本文件的9个术语及其规范定义表述。第4章提出了对公共图书馆通借通还业务的总体要求：采用统一服务联盟标志、采用统一业务平台、开架方式服务、通借通还文献产权不变、服务联盟成员馆读者证及文献统一采用省馆编码规则、各馆负责本馆闭馆等服务信息发布，给出了成员馆业务开展应遵循的现行国家标准及行业标准依据。第5章规定了通借通还统一业务平台的服务功能。第6章明确了成员馆书目数据遵循国家标准要求，且能共建共享。第7章规定了通借通还文献的文献标识构成及要求。第8章明确了成员馆读者证编码管理要求，给出了成员馆实行统一的读者证管理办法细则。第9章提出了成员馆借还服务制度的制定要求，给出了统一借还服务工作要求细则。第10章给出了统一的文献流转工作流程及各环节工作要求。第11章提出了为实现通借通还工作，读者服务、自助设备服务、网络服务应具备的保障措施。第12章明确了

中心馆统筹全市通借通还业务数据统计工作。

【规范性引用文件】

GB/T 28220　公共图书馆服务规范

GB/T 33286　中国机读书目格式

GB/T 35660.1　信息与文献　图书馆射频识别（RFID）　第1部分：数据元素及实施通用指南

GB/T 35660.2　信息与文献　图书馆射频识别（RFID）　第2部分：基于 ISO/IEC 15962规则的RFID数据元素编码

GB/T 35660.3　信息与文献　图书馆射频识别（RFID）　第3部分：分区存储RFID标签中基于ISO/IEC 15962规则的数据元素编码

WH/T 87.2　公共图书馆业务规范　第2部分：市级公共图书馆

WH/T 87.3　公共图书馆业务规范　第3部分：县级公共图书馆

WH/T 89　公共图书馆总分馆业务规范

ISO/IEC 18000－6C　信息技术　用于单品管理的射频识别（RFID）　第6C部分：频率为860MHz—960MHz通信的空中接口参数

【修订情况】

无

DB3710/T 203.2—2023 威海市儿童友好城市建设导则 第2部分：图书馆

【标 准 号】DB3710/T 203.2—2023

【标准名称】威海市儿童友好城市建设导则 第2部分：图书馆

【英文名称】无

【标准类别】管理标准

【行业分类】公共管理、社会保障和社会组织

【采标情况】无

【发布时间】2023-10-09

【实施时间】2023-11-09

【归口单位】威海市文化和旅游局

【起草单位】威海市文化和旅游局、威海市妇女联合会、威海市产品质量标准计量检验研究院

【起 草 人】刘爱春、林霞、刘德强、宋亚平、林宇春、齐凯、迟斌、刘译文、高孟峰、李芳惠、于亚红、张雅婷

【范 围】

本文件规定了威海市儿童友好城市建设导则 第2部分：图书馆的布局与选址、建设要求、服务要求、儿童参与、儿童服务和服务监督、评价与改进。

本文件适用于威海市范围内儿童友好图书馆的建设与服务供给。

【主要内容】

DB3710/T 203的本部分正文共包括8章，分别是：范围、规范性引用文件、术语和定义、布局与选址、建设要求、服务要求、儿童参与、儿童服务。

其中，第3章明确DB3710/T 203.1界定的及本部分界定的“儿童友好图书馆”的定义适用于本文件，本文件所指的儿童友好图书馆包括各级公共图书馆、城市书房。第4章给出了儿童友好图书馆的布局与选址的要求。第5章对儿童友好图书馆的建设要素提出了规范要求，包括：设施要求和设备要求，其中图书馆的设施要求包括建筑设施、服务设施、导引标识和安全要求；设备要求包括借阅设备、阅览设备、网络与宽带、视听设备、灯光照明、监控设备、除菌设备。第6章提出了儿童友好图书馆服务的人员和馆藏配置要求，对从业人员应具备的专业服务知识和技能、志愿服务机制，以及图书馆提供的儿童服务的馆藏资源类型与配置、资源数量统计、资源组织方式都给出了详尽的规范。第7章提出了儿童参与图书馆服务的方式，界定了适于儿童参与的内容，明确了儿童参与的渠道与流

程要求。第 8 章规定了儿童服务服务内容、服务方式以及服务监督、评价与改进的要求。

【规范性引用文件】

GB/T 2893.1　图形符号 安全色和安全标志　第 1 部分：安全标志和安全标记的设计原则

GB 2894　安全标志及其使用导则

GB 6675（所有部分）　玩具安全

GB 8898　音频、视频及类似电子设备　安全要求

GB/T 10001.1　公共信息图形符号　第 1 部分：通用符号

GB/T 10001.9　公共信息图形符号　第 9 部分：无障碍设施符号

GB 13495.1　消防安全标志　第 1 部分：标志

GB/T 18883　室内空气质量标准

GB 28007　儿童家具通用技术条件

GB/T 28220　公共图书馆服务规范

GB 37487　公共场所卫生管理规范

GB 40070　儿童青少年学习用品近视防控卫生要求

GB 50016　建筑设计防火规范

GB 50140　建筑灭火器配置设计规范

GB 50222　建筑内部装修设计防火规范

GB 50763　无障碍设计规范

建标 108　公共图书馆建设标准

DB3710/T 203.1　威海市儿童友好城市建设导则　第 1 部分：总则

【修订情况】

无

DB4102/T 016—2020 开封市公共图书馆读者服务规范

【标 准 号】 DB4102/T 016—2020

【标准名称】 开封市公共图书馆读者服务规范

【英文名称】 无

【标准类别】 其他标准

【行业分类】 文化、体育和娱乐业

【采标情况】 无

【发布时间】 2020-09-03

【实施时间】 2020-09-15

【技术归口】 开封市文化广电和旅游局

【起草单位】 开封市图书馆

【起 草 人】 马慧萍、葛智星、宋松、贾金萌、李旭东

【范　　围】

本标准规定了开封市公共图书馆读者服务标准的术语和定义、总则、服务资源、服务时间、服务内容、服务礼仪、服务效能、服务管理制度、服务监督与反馈。

本标准适用于开封市区域内的各级公共图书馆。

【主要内容】

本标准正文共包括11章，分别是：范围、规范性引用文件、术语和定义、总则、服务资源、服务时间、服务内容、服务礼仪、服务效能、服务管理制度、服务监督与反馈。

其中，第3章界定了适用于本标准的4个术语及其规范定义。第4章给出了开封市各级公共图书馆服务的总则要求。第5章提出了对基础设施、文献资源和人力资源3类服务资源的要求，对建筑、服务设施、纸质资源和数字资源、人员专业能力及人数配置、人才培养都给出了具体的建设依据或量化要求。第6章根据《河南省公共图书馆工作规范（试行）》的规定，明确了开封市市级和县级公共图书馆服务时间要求。第7章提出了各级公共图书馆的服务项目及内容，包括：读者证管理服务、图书借阅服务、报刊阅览服务、特藏文献服务、数字资源服务、新媒体服务、新技术应用服务、未成年人服务、特殊群体服务、团体接待服务、馆外服务、参考咨询服务、文创产品、志愿服务。第8章规定了公共图书馆服务礼仪要求。第9章对各类服务应达到的效果和能力给出量化要求，包括持证读者占比、年人均读者到馆量、年文献外借量、文献加工处理时间、开架图书排架正

确率。第 10 章提出了公共图书馆服务管理制度的要求。第 11 章明确了对图书馆服务进行监督的途径和方法，给出了应达到读者满意度调查的目标要求。

【规范性引用文件】

GB/T 10001.1　标志用公共信息图形符号　第 1 部分：通用符号

GB/T 28220—2011　公共图书馆服务规范

GB/T 30227—2013　图书馆古籍书库基本要求

WH/T 70.3—2015　公共图书馆评估指标

建标〔2008〕74 号　公共图书馆建设用地指标

建标 108—2008　公共图书馆建设标准

《河南省公共图书馆工作规范（试行）》

【修订情况】

无

DB4110/T 44—2022　公共图书馆管理服务规范

【标 准 号】DB4110/T 44—2022

【标准名称】公共图书馆管理服务规范

【英文名称】无

【标准类别】管理标准

【行业分类】文化、体育和娱乐业

【采标情况】无

【发布时间】2022-06-15

【实施时间】2022-07-01

【技术归口】许昌市文化广电和旅游局

【起草单位】许昌市文化广电和旅游局、河南省检验检测研究院集团有限公司、许昌市图书馆、上海格物文化发展研究院

【起 草 人】张宏阳、岳希忠、陈猛、张帆、符湘林、来其发、赵全宜、郝玉、张可睿、刘阳、汪菲、朱冰清、胡晶晶

【范　　围】

本文件确立了公共图书馆的术语和定义、总则、服务条件、服务能力、服务监督、组织建设和日常管理。

本文件适用于许昌市、县两级公共图书馆的服务管理。

许昌市、县两级工人文化宫、青少年宫、妇女儿童活动中心、科技馆等群众文化服务机构及社会力量建设的图书馆（室）参照执行。

【主要内容】

本文件正文部分共包括9章，分别是：范围、规范性引用文件、术语和定义、总则、服务条件、服务能力、服务监督、组织建设、日常管理。

其中，第3章界定了适用于本文件的5个术语及其规范定义表述。第4章提出了许昌市图书馆服务管理的总则要求：坚持公益性、基本性、均等性、便利性原则，结合城市书房、农家书屋等公共活动空间开展“全民阅读”活动，县级图书馆开展图书馆总分馆制建设、图书馆全面融入乡村振兴战略，落实规范图书馆公共服务、提升公共文化服务效能、高质量推进图书馆事业健康发展。第5章提出了公共图书馆建设的服务环境、标识、所需网络、移动服务等设备、藏书量等文献资源以及人员和资金等服务条件的规定要求。第6章规定了公共图书馆服务中管理制度、服务公示、服务项目和活动的服务内容，对部分条款给出了量化指标要求，给出管理制度应遵循的相关文件依据，特别提出结合本地特色，应围绕

三国文化、红色文化、乡村文化等地方文化特色，打造以阅读为主题的文化品牌活动。第7章明确了公共图书馆服务监督开展效能评估的重点指标：创新服务、数字化服务、品牌服务、群众满意度，给出了图书馆服务效能评估开展的时间要求，提出应引入社会第三方开展公众满意度测评，规定了满意度要求。第8章规定了市级公共图书馆对县（市、区）级公共图书馆业务管理工作的指导职能，要求市县两级公共图书馆应制定年度工作计划。第9章提出应建立完善的公共图书馆服务体系管理制度和协调机制的要求，明确了应加强服务保障、服务供给、服务创新、服务效能的制度建设。

【规范性引用文件】

GB/T 28220（所有部分） 公共图书馆服务规范

建标108 公共图书馆建设标准

建标〔2008〕74号 公共图书馆建设用地指标

【修订情况】

无

DB4110/T 45—2022　图书馆总分馆制管理服务规范

【标 准 号】DB4110/T 45—2022

【标准名称】图书馆总分馆制管理服务规范

【英文名称】无

【标准类别】管理标准

【行业分类】文化、体育和娱乐业

【采标情况】无

【发布时间】2022－06－15

【实施时间】2022－07－01

【技术归口】许昌市文化广电和旅游局

【起草单位】许昌市文化广电和旅游局、河南省检验检测研究院集团有限公司、许昌市图书馆、上海格物文化发展研究院

【起 草 人】张宏阳、岳希忠、陈猛、张帆、符湘林、来其发、赵全宜、郝玉、张可睿、刘阳、汪菲、朱冰清、胡晶晶

【范　　围】

本文件确立了图书馆总分馆制的术语和定义、总则、服务条件、服务能力、服务监督、组织建设和日常管理。

本文件适用于许昌市公共图书馆总分馆制的服务管理。

【主要内容】

本文件正文共包括 9 章，分别是：范围、规范性引用文件、术语和定义、总则、服务条件、服务能力、服务监督、组织建设、日常管理。

其中，第 3 章界定了适用于本文件的 4 个术语及其规范定义表述。第 4 章提出了图书馆总分馆服务管理的总则要求。第 5 章分别提出了总分馆制建设中，中心馆和总分馆的职能和应具备的服务条件。第 6 章规定了总分馆制下，中心馆、总馆、分馆所应分别具备的服务能力，包括馆舍建设、基本服务时长和网络提供等服务环境，总分馆应提供的各项基本服务，包括通借通还、盲人读书、提供各种渠道的意见收集并反馈、开展多样培训、多途径拓展总分馆服务体系和馆藏文献量、地方特色文化资源建设和服务、特色文化服务品牌创建、设置地方文献特色服务专区，还提出了总分馆制分馆服务人员配置、人员素质要求、参与培训及各类活动量要求，并明确了对总分馆经费保障的要求。第 7 章提出了对总分馆服务效能进行评估、服务监督的实施方式、频率、结果应用等要求。第 8 章阐述了总馆和分馆的组织建设要求及目标。第 9 章提出了总分馆日常体系化管理的要求，

包括统一服务标识、统一发布平台、统一服务标准、统一辅导标准、统一效能评估管理，建立实施分级管理制度。

【规范性引用文件】

WH/T 89　公共图书馆总分馆业务规范

【修订情况】

无

DB4113/T 087—2024　公共图书馆阅读推广工作规范

【标 准 号】DB4113/T 087—2024

【标准名称】公共图书馆阅读推广工作规范

【英文名称】无

【标准类别】方法标准

【行业分类】文化、体育和娱乐业

【采标情况】无

【发布时间】2024－12－26

【实施时间】2025－01－25

【技术归口】南阳市文化广电和旅游局

【起草单位】南阳市图书馆

【起 草 人】杨艳、刘娜、孙乐勤、丁林鑫、尚巧爱、王继武

【范　　围】

本文件规定了公共图书馆阅读推广工作的术语和定义、推广形式、特殊人群服务、服务管理和监督与反馈等要求。

本文件适用于公共图书馆开展的阅读推广工作。

【主要内容】

本文件正文共包括 7 章，分别是：范围、规范性引用文件、术语和定义、推广形式、特殊人群服务、服务管理、监督与反馈。

其中，第 3 章界定了适用于本文件的阅读推广规范定义。第 4 章从推广形式角度，分为基础服务和提升服务两类，提出了 12 种形式的阅读推广服务。第 5 章从特殊人群服务角度，提出了对少年儿童、老年人、残疾人和流动人口的阅读推广服务方式。第 6 章在阅读推广服务管理中，对活动保障的制度建设、资源配备，以及活动流程的策划宣传和实施过程提出了管理要求。第 7 章规定了对阅读推广服务进行监督的方法，提出读者满意度调查的频率要求。

【规范性引用文件】

无

【修订情况】

无

DB4113/T 088—2024　社会力量参与公共图书馆服务指南

【标 准 号】DB4113/T 088—2024
【标准名称】社会力量参与公共图书馆服务指南
【英文名称】无
【标准类别】管理标准
【行业分类】文化、体育和娱乐业
【采标情况】无
【发布时间】2024 - 12 - 26
【实施时间】2025 - 01 - 25
【技术归口】南阳市文化广电和旅游局
【起草单位】南阳市图书馆
【起 草 人】杨艳、孙乐勤、刘娜、丁林鑫、尚巧爱、王继武
【范　　围】

本文件规定了社会力量参与公共图书馆服务的总则、人员、服务与创新、质量要求与改进、监督与评价、资料与档案的内容。

本文件适用于社会力量参与公共图书馆服务。

【主要内容】

本文件正文共包括 9 章，分别是：范围、规范性引用文件、术语和定义、总则、人员、服务与创新、质量要求与改进、监督与评价、资料与档案。

其中，第 3 章提出了 GB/T 28220—2023 界定的术语和定义以及本文件界定的社会力量、社会力量参与公共图书馆服务 2 个术语及其规范表述定义适用于本文件。第 4 章规定了社会力量参与公共图书馆服务工作的总体原则：符合国家相关法律、法规及政策，坚持公益性、基本性、均等性、便利性，突出社会效益。第 5 章规定了参与服务的社会力量人员配置应符合 GB/T 28220—2023 的要求，提出了岗位建议，并给出对应具备学历水平、相关专业的人员数量比例及开展培训的要求。第 6 章提出了社会力量参与公共图书馆服务的基础服务、服务创新的内容要求。第 7 章明确了服务质量应符合 GB/T 28220—2023 及合同约定要求，对质量改进方式提出了详细要求。第 8 章给出在社会力量参与公共图书馆服务中，建立监督、评价机制的规定。第 9 章规定了社会力量参与公共图书馆服务活动记录的资料收集以及归档统计要求。

【规范性引用文件】

GB/T 17242—1998　投诉处理指南

GB/T 28220—2023　公共图书馆服务规范

【修订情况】

无

DB43/T 3098—2024 公共图书馆借阅窗口人员综合能力与服务规范

【标 准 号】DB43/T 3098—2024

【标准名称】公共图书馆借阅窗口人员综合能力与服务规范

【英文名称】Comprehensive ability and service specifications of public library borrowing window personnel

【标准类别】管理标准

【行业分类】水利、环境和公共设施管理业

【采标情况】无

【发布时间】2024－11－13

【实施时间】2025－02－13

【技术归口】湖南省旅游标准化技术委员会

【起草单位】湖南省少年儿童图书馆、湖南金智标准科技发展有限公司

【起 草 人】叶建武、邓镰、朱雨、胡亚玲、汤蕾、周丽丽、王振兴、黄雅雅、肖煊、许建兵、黄雅麟、周帆、周敏婕、刘雨霖、陈诗雨、蒋林珊、周菊香、姜海彬

【范　　围】

本文件规定了公共图书馆借阅窗口服务工作的能力要求、行为要求、服务内容、服务评价与改进等内容。

本文件适用于公共图书馆的借阅窗口服务人员能力提升工作。

【主要内容】

本文件正文共包括 7 章，分别是：范围、规范性引用文件、术语和定义、能力要求、行为要求、服务内容、服务评价与改进。

其中，第 3 章界定了适用于本文件的公共图书馆、综合能力 2 个术语并给出规范定义表述。第 4 章规定了公共图书馆借阅窗口人员的 4 项能力要求，包括：专业知识与技能、职业素养、沟通与表达能力、公共安全能力要求。第 5 章提出了公共图书馆借阅窗口人员工作行为要求，包括：工作准备、行为举止、服务用语、记录归档。第 6 章界定了借阅窗口的各类型服务内容，包括：读者咨询服务、借阅服务、阅读推广服务、其他服务。第 7 章规范了服务评价与改进工作要求。

【规范性引用文件】

GB/T 28220—2023　公共图书馆服务规范

【修订情况】

无

DB4401/T 95—2020　公共图书馆服务质量规范

【标 准 号】 DB4401/T 95—2020

【标准名称】 公共图书馆服务质量规范

【英文名称】 Specifications for service quality of public library

【标准类别】 管理标准

【行业分类】 文化、体育和娱乐业

【采标情况】 无

【发布时间】 2020 - 08 - 31

【实施时间】 2020 - 10 - 01

【技术归口】 广州市文化广电旅游局

【起草单位】 广州市标准化协会、广州图书馆、广州少年儿童图书馆

【起 草 人】 方家忠、陈淑宜、陈巧红、陈深贵、吴翠红、刘可冰、陈丽纳、张淑文、李少鹏、陈荧、史拓、蔡晓绚、周小英、张诗阳、周远、张春华、赵晋芝、龚晓华、柯欢玲、李颖然、丁少芬、邓熙、温志伟、罗继华、吴志强、林嘉欣

【范　　围】

本文件规定了公共图书馆服务质量的术语和定义、总体要求、设置要求、服务内容及方式、服务质量规范、服务保障及服务安全、服务监督与评价。

本文件适用于广州市行政区域内的市、区、镇、街道公共图书馆，社区、村及社会力量参与的公共图书馆可参照执行。

【主要内容】

本文件正文共包括 9 章，分别是：范围、规范性引用文件、术语和定义、总体要求、设置要求、服务内容及方式、服务质量规范、服务保障及服务安全、服务监督与评价。

其中，第 3 章规范界定了 12 个适用于本文件的术语及其定义。第 4 章提出了公共图书馆设置及服务的总体原则要求，提出了广州市各级公共图书馆在科技创新、总分馆服务体系、特殊人群服务保障方面的实践要求。第 5 章提出了广州市各级公共图书馆设置要求，包括选址、场馆设置、功能分区及布局、外观结构要求、信息标志设置、设备设施配置、人员设置及培训、馆藏（文献信息资源）配备的要求。第 6 章规范了广州市各级公共图书馆基本服务内容及要求，对外借服务、阅读推广、线上服务、流动服务等明确了具体内容要求。第 7 章对服务环境、工作人员要求、服务时间及服务告示、馆藏揭示、各类服务过程控制、服务效能

的评价、活动推广及读者发展、数字图书馆服务、志愿者服务、各种形式的延伸服务和便民措施服务、服务质量监督检查都提出了规范要求。第 8 章对广州市各级公共图书馆开展服务的技术、知识产权、信息公开、经费等保障条件进行明确，并对服务中涉及的公共安全、读者隐私保护、应急照明、消防安全等服务安全保障措施进行了规范。第 9 章提出了对服务的监督与评价、读者满意率调查及服务评价的具体操作要求。

【规范性引用文件】

GB 2894　安全标志及其使用规则

GB/T 10001.1　公共信息图形符号　第 1 部分：通用符号

GB/T 10001.9　标志用公共信息图形符号　第 9 部分：无障碍设施符号

GB 13495.1　消防安全标志　第 1 部分：标志

GB 15210　通过式金属探测门通用技术规范

GB/T 15566.1　公共信息导向系统设置原则与要求　第 1 部分：总则

GB/T 15566.11　公共信息导向系统设置原则与要求　第 11 部分：机动车停车场

GB 15630　消防安全标志设置要求

GB/T 18883　室内空气质量标准

GB/T 20501（所有部分）　公共信息导向系统　导向要素的设计原则与要求

GB/T 28220　公共图书馆服务规范

GB/T 36719　图书馆视障人士服务规范

GB/T 36720　公共图书馆少年儿童服务规范

GB 50016—2014　建筑设计防火规范（2018 年版）

GB 50033—2013　建筑采光设计标准

GB 50034—2013　建筑照明设计标准

GB 50189　公共建筑节能设计标准

GB 50763　无障碍设计规范

GA 926　微剂量透射式 X 射线人体安全检查设备通用技术要求

JGJ 38　图书馆建筑设计规范

DB44/T 603　公共标志英文译法规范

DB4401/T 96　公共图书馆通借通还技术规范

建标〔2008〕74 号　公共图书馆建设用地指标

建标 108—2008　公共图书馆建设标准

【修订情况】

无

DB4401/T 96—2020　公共图书馆通借通还技术规范

【标 准 号】DB4401/T 96—2020

【标准名称】公共图书馆通借通还技术规范

【英文名称】Technical specification of public library coordinated loan and return

【标准类别】管理标准

【行业分类】文化、体育和娱乐业

【采标情况】无

【发布时间】2020 - 08 - 31

【实施时间】2020 - 10 - 01

【技术归口】广州市文化广电旅游局

【起草单位】广州市标准化协会、广州图书馆、广州少年儿童图书馆

【起 草 人】陈淑宜、方家忠、罗继华、吴翠红、陈深贵、陈荧、蔡晓绚、李少鹏、刘可冰、张春华、陈丽纳、彭超云、龚晓华、张健生、陈水峰、周小英、柯欢玲、温志伟、陈巧红、吴志强、林嘉欣

【范　　围】

本文件规定了公共图书馆通借通还的术语和定义、总体要求、图书馆管理系统、书目数据、文献馆藏标识、读者证、借阅规则、物流作业和数据统计。

本文件适用于广州市公共图书馆开展通借通还服务相关技术要求。

【主要内容】

本文件正文共包括 11 章，分别是：范围、规范性引用文件、术语和定义、总体要求、图书馆管理系统、书目数据、文献馆藏标识、读者证、借阅规则、物流作业、数据统计。

其中，第 3 章明确了 DB4401/T 95 界定的以及本文件界定的 6 个术语及其规范定义表述适用于本文件。第 4 章给出了公共图书馆通借通还技术总体要求，包括开展通借通还业务的公共图书馆还应符合 DB4401/T 95 的要求，明确了通借通还文献所有权、最终处置权不变，开展通借通还业务的成员馆采用统一的管理平台协同服务，加入通借通还服务网络并提供办证、查询、借还等相关服务等。第 5 章规定了成员馆通过统一的虚拟局域网技术或专线直连方式加入广州市公共图书馆专用网络，实现统一的通借通还服务，给出了系统安全的统一要求，对成员馆自行开发新应用功能提出了报审要求，明确了系统日常技术支持采用分级管理模式。第 6 章明确了通借通还书目数据应遵循的标准依据。第 7 章给出了通借通还文献馆藏标识的制作及标签数据格式要求。第 8 章提出了对通借通还读者证的办

理、认证、各类读者证的标签数据要求。第 9 章规定了通借通还的借阅规则。第 10 章提出中心馆与下属成员馆间物流管理责任，并对物流作业流程各环节的工作内容提出要求。第 11 章明确了中心馆承担通借通还业务数据的管理统计工作及发布职责。

此外，本文件还提供了 6 个规范性附录。其中，附录 A 对广州市公共图书馆标志的设计、制作、色彩及字体等作了规范要求；附录 B 提出了广州市公共图书馆书目数据共建共享的规则；附录 C 对公共图书馆用条形码码制、结构提出明确要求；附录 D 提出了广州市公共图书馆 RFID 标签的使用要求；附录 E 对广州市公共图书馆 IC 卡读者证的工作频率及数据字段构成进行规范；附录 F 统一规范了公共图书馆通借通还物流作业任务交接单形式。

【规范性引用文件】

GB/T 2260　中华人民共和国行政区划代码

GB/T 35660.1　信息与文献　图书馆射频识别（RFID）　第 1 部分：数据元素及实施通用指南

GB/T 35660.2　信息与文献　图书馆射频识别（RFID）　第 2 部分：基于 ISO/IEC 15962 规则的 RFID 数据元素编码

WH/T 74　图书馆行业条码

DB4401/T 95　公共图书馆服务质量规范

ISO/IEC 18000－3　信息技术　项目管理的射频识别　第 3 部分：13.56MHz 空中接口通信参数

【修订情况】

无

DB4403/T 78—2020 公共图书馆统一服务业务统计数据规范

【标 准 号】DB4403/T 78—2020

【标准名称】公共图书馆统一服务业务统计数据规范

【英文名称】Public library unified service statistical data specification

【标准类别】管理标准

【行业分类】公共管理、社会保障和社会组织

【采标情况】无

【发布时间】2020-09-15

【实施时间】2020-10-01

【技术归口】深圳市文化广电旅游体育局

【起草单位】深圳图书馆、深圳市标准技术研究院

【起 草 人】肖容梅、余敏、桂枫、吴绍华、肖永钐、王洋、林文慧、于森、李媛红、易晓珊、张旭杰

【范 围】

本文件规定了公共图书馆开展统一服务所涵盖的基础设施、经费投入、人员保障、文献建设、读者服务、媒体关注等主要统计类别，规定了对应的统计指标定义，并给出数据采集建议。

本文件适用于加入统一服务的公共图书馆，未加入统一服务的公共图书馆可参照执行。

【主要内容】

本文件正文共包括9章，分别是：范围、术语和定义、总则、基础设施、经费投入、人员保障、文献建设、读者服务、媒体关注。

其中，第2章界定了适用于本文件的10个术语并给出规范定义。第3章提出了公共图书馆统一服务业务统计应遵循的原则，包括：统一标准原则、定期统计原则、自动采集原则和灵活配置原则。第4章规定了公共图书馆有关基础设施数据统计要求。第5章提出了对公共图书馆经费投入细分的统计数据项及统计方式。第6章界定了人员保障细分的统计数据项，并给出统计方法。第7章界定了馆藏总量、纸质文献、视听资料、电子文献的细分统计项目，并给出统计方法。第8章界定了读者服务中相关的统计细项并给出统计方法。第9章界定了媒体关注细分统计指标，并给出指标具体统计方法。

【规范性引用文件】

无

【修订情况】

无

DB4403/T 169—2021　公共图书馆智慧技术应用与服务要求

【标 准 号】 DB4403/T 169—2021

【标准名称】 公共图书馆智慧技术应用与服务要求

【英文名称】 The application and service requirements of public library smart technology

【标准类别】 管理标准

【行业分类】 公共管理、社会保障和社会组织

【采标情况】 无

【发布时间】 2021-06-17

【实施时间】 2021-07-01

【技术归口】 深圳市文化广电旅游体育局

【起草单位】 深圳市盐田区图书馆、深圳市标准技术研究院

【起 草 人】 尹丽棠、李星光、刘俏、陈敏、吴秀芬、杨吕乐、李媛红、张旭杰、易晓珊、陆承兆

【范　　围】

本文件规定了公共图书馆智慧技术应用与服务总体架构及公共图书馆智慧感知应用、智慧流通应用、智慧互联应用和智慧管理应用等主要应用的要求与分级。

本文件适用于深圳市公共图书馆智慧技术的应用部署与服务提供。

【主要内容】

本文件正文共包括 9 章，分别是：范围、规范性引用文件、术语和定义、缩略语、公共图书馆智慧技术应用与服务总体架构、公共图书馆智慧感知应用、公共图书馆智慧流通应用、公共图书馆智慧互联应用、公共图书馆智慧管理应用。

其中，第 3 章界定了适用于本文件的“公共图书馆”和“电子标签”2 个术语定义。第 4 章给出了本文件用到的缩略语。第 5 章将智慧技术应用与服务总体架构分为基础设施层、网络通信层、平台支撑层、智慧应用层和应用终端 5 个层级并给出了图例，界定了各层级所应具备的功能与应用；并将信息安全体系作为贯穿各层级的保障体系，提出了具体要求。第 6—9 章分别界定了智慧感知应用、智慧流通应用、智慧互联应用和智慧管理应用包括的功能及实现功能所必备的应用分类，及对应的应用要求和分级。

【规范性引用文件】

GB/T 22239　信息安全技术　网络安全等级保护基本要求

【修订情况】

无

DB4406/T 9—2021　联合图书馆体系建设管理规范

【标 准 号】 DB4406/T 9—2021

【标准名称】 联合图书馆体系建设管理规范

【英文名称】 Regulations on the construction and management of united library system

【标准类别】 管理标准

【行业分类】 公共管理、社会保障和社会组织

【采标情况】 无

【发布时间】 2021-12-28

【实施时间】 2021-12-28

【技术归口】 佛山市文化广电旅游体育局

【起草单位】 佛山市图书馆、佛山市禅城区图书馆、佛山市南海区图书馆、佛山市顺德图书馆、佛山市高明区图书馆、佛山市三水区图书馆、佛山市标准化协会

【起 草 人】 黄百川、张萌、朱忠琼、田碧、陈渊、舒翔、何敏霞、胡穗欣、冯意婷

【范　　围】

本文件规定了联合图书馆体系建设管理规范的术语和定义、总则、职责、设施建设、文献资源建设、人力资源建设、统筹管理。

本文件适用于联合图书馆体系建设管理。

【主要内容】

本文件正文共包括 9 章，分别是：范围、规范性引用文件、术语和定义、总则、职责、设施建设、文献资源建设、人力资源建设、统筹管理。

其中，第 3 章明确了 GB/T 28220 界定的以及本文件界定的 6 个术语及其规范定义表述适用于本文件。第 4 章提出了联合图书馆体系的建设原则、总体目标和体系架构。第 5 章界定了中心馆、区总馆、分馆、基层服务点和智能图书馆各自的职责内容。第 6 章分别对联合图书馆体系、中心馆、区总馆、分馆、基层服务点、智能图书馆和流动图书馆开展服务应具备的基本馆舍及硬件建设提出了要求。第 7 章对体系中提出对各级馆区文献资源的采访制度建设的要求，同时对纸质文献资源、数字资源的采购经费、数量提出了量化要求，以及对纸质文献资源的协调采购、数字资源的共建共享和网络借阅平台建设提出建议。第 8 章提出了对联合图书馆体系建设中人力资源构成与配置要求，分别对专业技术人员、普通工作

人员提出了职业培训要求，并对志愿者服务机制及队伍建设给出指导。第 9 章集中对联合图书馆体系整体及各组成部分的制度建设、协调机制、标识管理、技术管理、编目管理、流通管理、物流管理、业务档案管理、社会合作及信息公开和报送、考核评价管理内容提出规范要求。

【规范性引用文件】

GB/T 10001.1　公共信息图形符号　第 1 部分：通用符号

GB/T 10001.9　公共信息图形符号　第 9 部分：无障碍设施符号

GB 13495.1　消防安全标志　第 1 部分：标志

GB/T 15566.1　公共信息导向系统 设置原则与要求　第 1 部分：总则

GB 15630　消防安全标志设置要求

GB/T 28220　公共图书馆服务规范

JGJ 38　图书馆建筑设计规范

【修订情况】

无

DB4406/T 19—2022 邻里图书馆建设及服务规范

【标 准 号】 DB4406/T 19—2022

【标准名称】 邻里图书馆建设及服务规范

【英文名称】 Construction and service standard of Neighborhood Library

【标准类别】 管理标准

【行业分类】 公共管理、社会保障和社会组织

【采标情况】 无

【发布时间】 2022－11－23

【实施时间】 2022－11－23

【技术归口】 佛山市文化广电旅游体育局

【起草单位】 佛山市图书馆、佛山市质量和标准化研究院、禅城区图书馆、南海区图书馆、顺德图书馆、高明区图书馆、三水区图书馆

【起 草 人】 黄百川、张萌、朱忠琼、李欢、钟照华、何敏霞、胡穗欣、董健平、郑欣、谭伟恒、曾翠玉、宋林嶢、冀志敏、黄燕敏

【范 围】

本文件规定了邻里图书馆建设及服务的总则、建设要求、服务提供、服务管理、宣传推广、考评与改进。

本文件适用于邻里图书馆建设及服务，其他公益性民间图书馆、家庭图书馆可参照执行。

【主要内容】

本文件正文共包括 9 章，分别是：范围、规范性引用文件、术语和定义、总则、建设要求、服务提供、服务管理、宣传推广、考评与改进。

其中，第 3 章明确了 DB4406/T 9—2021 界定的以及本文件界定的“邻里图书馆”和“邻里图书馆馆长” 2 个术语及其规范定义表述适用于本文件。第 4 章提出邻里图书馆建设的总则：政府主导、社会参与，专业指导、规范服务，创新服务、提升效能，志愿服务、公益均等，开放包容、和谐邻里。第 5 章明确了邻里图书馆建设要求，包括服务场地、设施设备、文献资源、服务人员，并对服务场地面积和文献资源提出了具体的量化指标要求。第 6 章提出了邻里图书馆提供的各类服务要求，包括免费开放、服务时间、文献借阅、阅读推广、数字阅读、读者咨询。第 7 章提出并阐释了邻里图书馆的服务管理要求，包括管理机制、服务运作、人员管理、文献管理、档案管理、标识管理和安全管理，建立了邻里图书馆服务的管理体系。第 8 章提出了对邻里图书馆的宣传推广建议，包括项目推广和服务

宣传。第 9 章提出了邻里图书馆绩效考核、评优、评价与监督的要求，并给出服务改进的指导。

此外，本文件还另附 1 个规范性附录 A，规定了邻里图书馆标识形象设计、制图、用色及使用要求。

【规范性引用文件】

DB4406/T 9—2021　联合图书馆体系建设管理规范

【修订情况】

无

DB4413/T 1—2019　公共图书馆服务规范

【标 准 号】 DB4413/T 1—2019

【标准名称】 公共图书馆服务规范

【英文名称】 Public library service specifications

【标准类别】 管理标准

【行业分类】 公共管理、社会保障和社会组织

【采标情况】 无

【发布时间】 2019 - 10 - 14

【实施时间】 2019 - 11 - 14

【技术归口】 惠州市市场监督管理局

【起草单位】 惠州慈云图书馆、广东省惠州市质量技术监督标准与编码所

【起 草 人】 邓频、朱彬、钟国标、周小辉、周芬芬

【范　　围】

本标准规定了公共图书馆的术语和定义、体系架构与功能、服务资源、服务效能、服务内容、服务宣传、服务监督和反馈。

本标准适用于惠州市区域内的市级、县（区）级公共图书馆、乡镇（街道）图书馆分馆（室）、村（社区）图书室。

【主要内容】

本标准正文共包括 9 章，分别是：范围、规范性引用文件、术语和定义、体系架构与功能、服务资源、服务效能、服务内容、服务宣传、服务监督和反馈。

其中，第 3 章界定了适用于本标准的“图书馆总分馆”等 3 个术语及其规范定义。第 4 章提出建立公共图书馆服务体系、开展总分馆服务、使用统一标识、制定统一标准、建立统一服务平台，并将自助图书馆纳入总分馆体系建设的体系建设架构，对中心馆、总馆、分馆、服务点、自助图书馆分别规范了建设职能要求。第 5 章对硬件资源、人力资源、文献资源等服务资源提出详细建设要求。第 6 章从服务能力、服务效率两大方面对服务提出公共图书馆服务的各量化指标要求。第 7 章规范了阅览服务、流通服务、阅读推广、数字服务、讲座和培训服务、展览服务未成年人服务及特殊群体服务的服务内容，并制定了量化指标要求。第 8 章规范了公共图书馆服务宣传的导引标识设置、服务告示内容和设置方式。第 9 章提出了公共图书馆服务监督的途径和方法，给出读者满意度调查的工作要求。

【规范性引用文件】

GB/T 10001.1　标志用公共信息图形符号　第 1 部分：通用符号

建标 108—2008　公共图书馆建设标准

建标〔2008〕74 号　公共图书馆建设用地指标

《广东省公共文化设施公共信息导向系统设置规范》

【修订情况】

无

DB51/T 2117—2016　中小学图书馆（室）信息化建设及管理规范

【标 准 号】 DB51/T 2117—2016

【标准名称】 中小学图书馆（室）信息化建设及管理规范

【英文名称】 无

【标准类别】 基础标准

【行业分类】 教育

【采标情况】 无

【发布时间】 2016-02-02

【实施时间】 2016-03-01

【技术归口】 四川省教育厅

【起草单位】 四川省教育厅技术物资装备处、南充市教育技术装备所、宜宾市教育信息化指导中心、四川文轩教育技术装备有限公司、北京华夏网信科技有限公司、常州华教软件技术开发有限公司、攀枝花市第三高级中学校

【起 草 人】 田馨、代倩、杨兵、胡海洋、宋小静、付杨、李科、王洪英、张武红、傅曦

【范　　围】

本标准规定了中小学图书馆（室）信息化建设及管理的系统架构、网络与硬件条件、软件系统、终端设备、信息录入、数字图书资源、管理、版权的要求。

本标准适用于中小学图书馆（室）信息化建设及管理工作。中等职业学校、幼儿园、特殊教育学校等教育机构可参照使用。

【主要内容】

本标准正文共包括 11 章，分别是：范围、规范性引用文件、术语和定义、系统架构、网络与硬件条件、软件系统、终端设备、信息录入、数字图书资源、管理、版权。

其中，第 3 章界定了适用于本标准的 7 个术语及其定义。第 4 章用图的形式描述了中小学图书馆（室）信息化系统架构。第 5 章分级明确了中小学图书信息化数据中心建设主体，并提出了网络与硬件条件要求。第 6 章给出了中小学图书馆（室）软件系统的配置以及应实现的功能要求。第 7 章提出了借阅证、电脑、打印机、扫描枪、查询设备、防盗系统、读卡器、智能设备等终端设备使用原则和要求。第 8 章对中小学图书馆（室）馆藏文献信息、数字图书信息、设施设备、管理人员、读者用户、学校信息等录入及信息化管理的详细要求。第 9 章规范了

数字图书资源建设、类型、数量及电子阅览室的配置建设标准依据。第 10 章规定了中小学图书馆（室）的业务管理、监督考核管理相关的管理工作要求。第 11 章明确了中小学图书馆（室）管理中涉及的计算机软件、数据库及系统软件应符合我国《著作权法》和《信息网络传播权保护条例》的相关规定。

此外，本标准还另附 1 个资料性附录 A，分别列表给出了中小学图书馆（室）信息化管理文献分类规范类型及备注说明、中小学图书馆（室）馆藏图书数据基础字段种类及录入规范，给出了各个字段的名字及说明、中小学图书馆（室）管理人员信息录入规范字段及备注说明。

【规范性引用文件】

GB/T 2887　计算机场地通用规范

GB/T 3792.2　普通图书著录规则

GB/T 3792.3　连续性资源著录规则

GB/T 3792.4　非书资料著录规则

GB/T 3792.6　测绘制图资料著录规则

GB/T 3792.7　古籍著录规则

GB/T 3792.9　电子资源著录规则

GB 4943.1　信息技术设备　安全　第 1 部分：通用要求

GB/T 9361　计算机场地安全要求

WH/T 0503—96　中国机读目录格式

DB51/T 1422　中小学数字图书馆建设规范

《中国图书馆分类法》（第五版）

《关于加强新时期中小学图书馆建设与应用工作的意见》（教基一〔2015〕2 号）

【修订情况】

无

DB5116/T 7—2021 公共图书馆总分馆纸质文献业务规范

【标 准 号】DB5116/T 7—2021

【标准名称】公共图书馆总分馆纸质文献业务规范

【英文名称】Paper document professional work specifications for main - branch library system of public library

【标准类别】管理标准

【行业分类】公共管理、社会保障和社会组织

【采标情况】无

【发布时间】2021 - 11 - 29

【实施时间】2021 - 12 - 30

【技术归口】广安市文化广播电视和旅游局

【起草单位】邓小平图书馆、广安区图书馆、前锋区图书馆、华蓥市图书馆、岳池县图书馆、武胜县图书馆、邻水县图书馆

【起 草 人】张钧、闫飞燕、向媛、达莎、王春雪、李培军、段旭、覃涛、王群英、付运芳、杜鹃、雷智慧、李伟、欧力蔓

【范　　围】

本文件确立了公共图书馆总分馆纸质文献资源建设、条码编码、基础加工、标引及著录业务的内容和要求。

本文件的纸质文献主要指纸质图书、报纸和期刊。

本文件不包括读者服务、信息化建设、业务管理等。

本文件适用于公共图书馆总分馆纸质文献业务工作，其他类型的图书馆合作体可参考使用。

【主要内容】

本文件正文共包括 8 章，分别是：范围、规范性引用文件、术语和定义、文献资源建设、条码编码、基础加工、标引、著录。

其中，第 3 章明确 WH/T 89 和 GB/T 27703 界定的以及本文件界定的 6 个术语及规范定义适用于本文件。第 4 章提出了文献资源规划，对总分馆建设中中心馆和总馆的资源建设原则予以明确，并在采访、剔除、典藏、文献保护方面分别制定了细致要求。第 5 章提出了条码编码的分配原则、结构要求。第 6 章提出了到馆图书与报刊加工、交接及管理要求。第 7 章按照纸质文献的内容及外部特征，对各类纸质文献资源分类、标引和检索组织提出规范要求。第 8 章提出了对文献

的形式特征和内容特征分析、选择和记录的著录规则，并对查重、审校、登到工作提出工作要求。

【规范性引用文件】

GB/T 2260　中华人民共和国行政区划代码

GB/T 27703　信息与文献　图书馆和档案馆的文献保护要求

WH/T 89　公共图书馆总分馆业务规范

中国图书馆分类法（第四、五版）

中国分类主题词表（第二版）

新版中国机读目录格式使用手册

国家统计局关于更新全国统计用区划代码和城乡分代码的公告

【修订情况】

无

后 记

自2008年全国图书馆标准化技术委员会成立伊始，我便承担起秘书处的日常工作。多年的工作经历，让我得以一路亲历并见证了图书馆标准化工作的发展与进步：标准内容从最初聚焦于基础采编等业务技术工作，逐步拓展至服务、管理等各专业技术工作，实现了全面系统化、体系化的发展；标准成果不断出新，数量日益丰硕；标准化工作越来越受到行业主管部门、各级各类图书馆及相关单位的重视；参与标准化工作的专业队伍不断发展壮大；标准的作用也从最初的默默绽放、悄然发力，逐渐引发业内广泛关注，相关单位主动宣传并积极落实。

在近20年的图书馆标准化工作中，我先后参与了专业标准技术内容制定、图书馆标准体系构建研究以及图书馆标准化工作规划的制定。丰富的工作实践不断地提升了我对标准化工作的理解和认识。我有幸见证了几代图书馆标准化工作者的工作实绩，他们秉持“严深细实”的工作原则，默默奉献，以精湛的专业技术、高度的职业精神和对事业强烈的责任感，推动图书馆标准化工作不断迈上新台阶，为图书馆事业发展奠定了坚实的标准化理论基础，提供了规范工作的实践指南。在从事标准化工作中，我深切体会其不易，也为每一项标准的成功发布与实施感到欣喜。

从事标准化工作至今，我一直期望能通过自己的努力为这项有意义的工作贡献力量。本书得以顺利付梓，首先要感谢全国图书馆标准化技术委员会秘书长、国家图书馆研究院院长申晓娟女士。感谢她提供宝贵机会，给予我充分信任，将这项有意义的工作交予我负责。同时，还要感谢多年来给予我支持、指导、鼓励和认可的每一位图书馆标准化工作前辈，特别是技术委员会的历届委员专家们。此外，还要感谢知识产权出版社卢海鹰主任和房曦编辑。首次担任主编经验尚浅，在两位的专业指导下，书稿得以顺利完成。对于我在每次核校中提出的增补和调整要求，她们都给予了充分的支持和帮助。

随着我国标准化工作方式的不断深化改革，图书馆事业也面临转型创新发展，图书馆标准化工作也在持续推进中。我由衷期待更多专业人士关注并参与到这项对事业发展具有积极意义的工作中来。

田颖

2025年5月6日